Chaos
&
göttlicher Wandel

Licht-Botschaften von
Meister Konfuzius
und Meister Kuthumi

Gechannelt von Ute Kretzschmar

Originalausgabe
1 - 4.000
© Antar-Verlag, Müllheim, Juni 2012
www.antar-verlag.de
Alle Rechte vorbehalten.
Cover: Ute Kretzschmar
Satz und Druck:
Druckerei Hornberger, Maulburg
Printed in Germany
ISBN: 978-3-981521-50-4

Inhalt

4

Vorwort

Geliebte Leser, einige von euch können kaum erwarten weitere Informationen zu erhalten und interessieren sich ganz besonders für die Veränderungen, die durch den Eintritt eures Planeten in ein höheres Energiefeld zustande kommen, wir möchten euch das Folgende dazu sagen:

Die Erde verschmilzt im Dezember 2012 mit einer lichtvollen Essenz, welche über die Polkappen ins Innere des Planeten hineingeleitet wird. Auf diese Energie wurde die Erde schon seit vielen Jahren vorbereitet. Seit 25 Jahren wird regelmäßig die Schwingung erhöht, das geschieht durch eine stärkere Sonneneinstrahlung. Es hat die Auswirkung, dass sich die Menschen dadurch bedingt schneller vorwärts entwickeln, innere Prozesse durchlaufen, die nicht immer angenehm sind, aber für eure Entwicklung notwendig. Solange das Leben gemütlich dahinplätschert, habt ihr keinen Zwang euch zu entwickeln. Wenn sich aber in eurem Leben die Ereignisse zuspitzen, dann spürt ihr den Druck, der mit der Schwingungserhöhung einhergeht und euch auffordert: „Erwache! Und übernimm die Verantwortung für deine Handlungen, für deine Entscheidungen, für deine Gedanken und deine Gefühle! Werde dir deiner eigenen schöpferischen Kraft bewusst und nimm wahr, was du, Mensch, in deinem Kopf produzierst und aussendest!" Das ist die stumme Aufforderung, die einhergeht mit dieser verstärkten Lichtenergie!

Meine Lieben, im Dezember 2012 findet die Verschmelzung des Planeten Erde mit der Lichtenergie statt und daraufhin seid ihr energetisch gesehen im Paralleluniversum und für gewöhnlich ist es so, dass es dann erst einmal ein wenig chaotisch wird.

Ihr bringt aus der Vergangenheit gesellschaftliche Vereinbarungen mit, die dringend verändert gehören. An erster Stelle stehen Ungerechtigkeit, Machtmissbrauch, unrechtmäßige Bereicherung, Unterdrückung, Ausschaltung von Konkurrenz und militärische Gewalt. Bereits in den letzten Jahren wurde deutlich, dass diese Themen an die Öffentlichkeit drängen und es nicht mehr funktioniert, sie im Hintergrund geheim zu halten. Ihr

5

seht, was in Ländern geschieht mit einer despotischen Führung. Das Volk steht auf und fordert sein Recht nach Gleichberechtigung und erfüllenden Lebenschancen ein. In den Industrieländern habt ihr zwar demokratische Regierungen, aber es gibt andere Bereiche, die überholtes Geschäftsgebaren an den Tag legen. Jedes Verhalten, was mit Knebelung, Missachtung der Freiheit und Bevormundung zu tun hat, muss sich zwangsläufig verändern, da die Seelen der Menschen es nicht mehr ertragen sich weiterhin zu verbiegen. Eure Pharma-Lobby, die liebend gern die Konkurrenz ausschaltet, oder die Atomindustrie, die mit der Verseuchung der Erde spielt, ebenso der Finanzsektor, wo gerade euer Geld verzockt wird, und der Verwaltungsbereich mit einem künstlich aufgebauschten Papierberg und ähnliche Missstände sind gute Beispiele für anstehenden Veränderungsbedarf.

Meine Lieben, es gibt eine ganze Menge, was überholungsbedürftig ist! Durch die gegenwärtigen weltweiten Staatsverschuldungen, die immer horrender werden, wird letztendlich das alte System kollabieren. Jeder auf diesem Planeten weiß, dass ihr die Schulden, die da angehäuft wurden, niemals zurückzahlen werdet! Aber das ist nicht das Ende, sondern der Beginn eines besseren Anfanges!

Wir sind gekommen, um euch in dieser Veränderungsphase Mut zu machen und mit einfachen Worten zu erklären, was da gerade in eurem Inneren an Entwicklungsschritten abläuft und welche gesellschaftlichen Erneuerungen anstehen. Ihr werdet in dieser Zeit mit jedem Atemzug bewusster! Es ist unsere Aufgabe euch bei diesem Prozess zu begleiten, wenn ihr das wünscht.

Kuthumi und Konfuzius

April 2012

Die Erde steigt auf!

Frage:
Ich habe gelesen, wenn die Erde aufsteigt ins Paralleluniversum, dass es dann drei Tage lang nur Nacht wäre. Was geschieht in diesen drei Tagen? Schlafen wir dann alle?

Kuthumi

Meine Liebe, wir können das nicht bestätigen! Aus unserer Sicht wird euer Tag- und Nachtrhythmus vom Aufstieg nicht beeinträchtigt. Die Verschmelzung des Planeten Erde mit der Lichtenergie geschieht um den 21. Dezember 2012. Dabei wird eure Erde transformiert in eine stabile, höhere Schwingung und es kommt frische Energie ins kollektive Bewusstsein. Dieses vollzieht sich in einem Zeitraum von etwa 24 Stunden. Das bedeutet aber nicht, dass der Prozess nach 24 Stunden abgeschlossen ist und ihr auf einem perfekten Planeten erwacht. So ist das nicht zu verstehen! Das ist die Verschmelzungsphase – so etwas wie die Kymische Hochzeit der Erde – und wir sehen da keine Ungereimtheiten bei dem Rhythmus zwischen Tag und Nacht. Ihr werdet in dieser Zeit genauso schlafen, wie ihr das gewöhnlich auch tut. Es geht ebenso am nächsten Morgen die Sonne auf und augenscheinlich ist alles beim Alten. Was sich verändert ist die Schwingung – der Puls der Erde!

Frage:
Wenn die Verschmelzung vollzogen wurde in diese andere Schwingungsebene hat dann auch die ganze Materie diesen Wechsel mitgemacht?

Kuthumi

Ja. Der Planet steigt auf, mit allem was sich darauf befindet! Mit allen Kontinenten, mit allen Meeren, mit der Natur, mit dem Tier- und Pflanzenreich, mit all euren Bauwerken, auch mit allen chemischen oder künstlich hergestellten Stoffen. Alles wird mitgenommen! Sogar die Atomkraftwerke und alle menschlichen Seelen, die eine gewisse Bereitschaft zur Entwicklung haben, kommen in den Genuss des Aufstieges. Dafür ist es nicht einmal notwendig, dass jemand spirituell ist!

Frage:
Wird die Erde bei der Verschmelzung dann von den ganzen Giftstoffen gereinigt?

Kuthumi
Das wäre freilich bequem für euch! Aber so läuft es nicht!

Nein, das macht ihr danach selbst. Es gibt verschiedene Gebiete, in denen hochgradige Verunreinigungen stattgefunden haben, z. B.: im Golf von Mexiko und auch in Japan. Nun, das ist der Preis, den ihr zahlt für Gier gepaart mit Leichtsinn! Aber ihr werdet in den nächsten Jahren neue Möglichkeiten finden, um diese Altlasten wieder auszugleichen. Der Planet wird in der Schwingung angehoben, das bedeutet nicht, dass damit eine Universalreinigung vonstattengeht! Ihr werdet Möglichkeiten entdecken, um es wieder ins Lot zu bringen.

Frage:
Wird die Klimaerwärmung wirklich durch Treibhausgase verursacht oder hat es mit dem Übertritt in eine neue Dimension zu tun?

Kuthumi
Beides ist richtig! Einerseits werdet ihr aus dem Universum mit einer höheren, entwicklungsfördernden Energie aus der Ursonne bestrahlt, welche eure sichtbare Sonne weiterleitet, und diese Energie tritt an den Polen ins Magnetfeld der Erde ein, verteilt sich über die gesamte Oberfläche und hebt damit die Schwingung. Andererseits hat die moderne Technik in den letzten 100 Jahren eine Großindustrie hervorgebracht, die Hitze, Gase und Dämpfe produziert und in den Himmel bläst. Des Weiteren verfügt ihr über Fahrzeuge mit Verbrennungsmotoren, die altmodisch sind. Sie haben keine längerfristige Zukunft! Ihr werdet euch in 20 Jahren mit anderen Fahrzeugen vorwärts bewegen. Das hat natürlich auch positive Auswirkungen auf eure Umwelt! Aber der Hauptanteil der Erwärmung kommt aus der Wirtschaft.

Aber ihr befindet euch auch in diesem Aufstiegsprozess und das bedeutet, dass die Erdachse nicht immer konstant den korrekten Neigungswinkel aufzeigt, was wiederum Auswirkungen auf eure Jahreszeiten hat. Durch den Neigungswinkel der Erdachse kommen eure Jahreszeiten zustande und diese haben sich im Vergleich zu früher geändert. Aber sie werden sich nach 2012 allmählich wieder stabilisieren, nicht schlagartig, sondern so wie es vor diesem 25-jährigen Aufstieg eine Phase der Anpassung gab, so gibt es auch eine Abklingphase.

Nun, von eurer Umwelt her betrachtet, befindet sich die Erde in einem etwas angeschlagenen Zustand, der aber nicht unmittelbar bedrohlich ist. Ihr werdet Mittel finden um Gewässer zu reinigen, um unnötigen Abholzungen einen Riegel vorzuschieben, und ihr werdet euch mit der Heilung der Natur auseinandersetzen.

Frage:
Ist es richtig, dass wir eine totale Überbevölkerung des Planeten Erde haben? Stimmt das? Und wie ist die zukünftige Entwicklung?

Konfuzius
Meine Liebe, wir möchten dir Folgendes dazu sagen: Eure Erde ist gut bevölkert – so möchten wir es ausdrücken. Und das hat damit zu tun, dass sehr viele Seelen neugierig sind auf eine aufsteigende Zeitebene. Manche haben ihr Leben so geplant, dass sie nur einen Teil dieses Aufstiegsprozesses miterleben möchten und sich dann verabschieden, weil sie auch wissen, dass für sie jetzt noch nicht der Zeitpunkt für diesen Entwicklungsschritt ansteht. Andere sind ganz bewusst auf die Erde gekommen, um ihren eigenen Abschluss zu machen, die Meisterschaft zu durchlaufen und danach den Inkarnationszyklus zu beenden.

Die Überbevölkerung, von der zur Zeit gesprochen wird, beruht teilweise auf falschen Bevölkerungsangaben bei der Zählung. Verschiedene Länder erhoffen sich einen Vorteil bei der Verteilung von sozialen Zuwendungen, wenn sie mehr Einwohner angeben als tatsächlich vorhanden sind.

Gut, es sind momentan viele Seelen auf der Erde, aber eine Überbevölkerung und damit verbundene Bedrohlichkeit können wir nicht wahrnehmen!

Es werden im Gegenteil in den Industrieländern schon seit Jahrzehnten weniger Kinder geboren. Manche Menschen verabschieden sich auch vor der Zeit – sie kommen mit den Anforderungen der Schwingungserhöhung nicht mehr klar und bleiben dann nicht mehr 70 oder 80 Jahre auf diesem Planeten, sondern beenden dieses Leben früher. Sie spüren, dass sie an ihre Grenzen kommen und möchten diese aufsteigende Zeitebene wieder verlassen. Von dem her ist die Bevölkerung in manchen Gebieten eher rückläufig.

Der Planet Erde kann die Menschen, die er derzeit beherbergt, auch tragen und ernähren. Es ist keine Bedrohung und Knappheit da, die sich nicht regeln ließe! Es gibt immer Phasen, in denen die Erdbevölkerung besonders hoch ist, und das wandelt sich dann nach einigen Jahrzehnten wieder und vielleicht habt ihr in 100 Jahren genau den gegenteiligen Effekt.

Frage:
Ist es möglich, dass die Erde gar nicht besteht, sondern nur eine Illusion ist, welche aus der Einheit projiziert wird? Sozusagen eine Erfahrungsmöglichkeit, die am Ende in die Einheit zurückkehrt?

Kuthumi
Wenn wir das richtig verstanden haben, fragst du ob die Erde überhaupt existiert. Ist das richtig?

Antwort:
Ja.

Kuthumi
Gut. Aus unserer Sicht existiert die Erde und zwar in vielfacher Ausführung! Sie ist für euch erfahrbar und wenn ihr inkarniert seid, dann habt ihr einen physischen Planeten. Aber dieser Planet verfügt auch noch über andere Schwingungsebenen, die für euch unsichtbar sind. Diese Ebenen repräsentieren eine andere Zeit. Und jede Zeitebene ist bewohnt und entwickelt sich vorwärts. Je nachdem, welche Perspektive ihr innehabt, könnt ihr entweder das Ganze überblicken oder ihr seht nur einen Teilausschnitt davon.

Wenn ihr im jenseitigen Bereich seid, kommt es auf eure Entwicklungsstufe an. Am Anfang des Inkarnationszyklus habt ihr alles vergessen und da war dieses Spiel sehr undurchsichtig. Ihr wusstet nicht wie es funktioniert. Euer Bewusstsein war ähnlich beschränkt wie auf der irdischen Ebene, wo ihr nur diesen physischen Planeten seht, und alles andere entzieht sich eurer Wahrnehmung.

Im jenseitigen Bereich veränderte sich allmählich mit ansteigender Bewusstheit euer Blickwinkel auf das ganze Spiel. Ihr traft dann Freunde aus eurer Monade, die erzählten: „Oh, ich war gerade auf der Erde und es ist Atlantis untergegangen. Das war eine Inkarnation! Da war wirklich was los! Das musst du mal erleben!" Und du sagst: „Wie merkwürdig! Ich war auch auf der Erde, aber in vollkommen anderen Ereignissen: Bei mir war Mittelalter: Ich war Ritter und wir hatten einen despotischen König, der seine Ehefrauen köpfen ließ."

Durch solche Unterhaltungen kommt ihr der Wahrheit auf die Spur. Ihr entdeckt sie natürlich erst im jenseitigen Bereich, und es macht euch auch viel Freude aus diesem Fundus an Zeitebenen im Hologrammkino* euer nächstes Leben zu wählen. Allmählich seht ihr dann alles, was es gibt und habt im feinstofflichen Bereich zumindest den Überblick! Bis ihr auf irdischer Ebene das Spiel durchschaut und Fragen nach der Funktionsweise stellt, vergehen meist noch viele Leben. Beantwortet das deine Frage?

Antwort:
Nur zum Teil. Ich habe gelesen: Dualität sei eine Illusion und die Erde kehrt in die Einheit zurück.

Kuthumi

Gut, meine Liebe, ihr durchlauft im Dualen Universum einen Prozess und an dessem Ende geht es in Richtung Einheit. Das ist richtig! Und auch die Planeten des Dualen Universums befinden sich in einem vergleichbaren Ablauf. Wenn ihr das Spiel durchschaut habt, verlasst ihr wieder dieses Duale Universum – es ist eine Erfahrungsebene für geistige Wesen, die gerade ein „Versteckspiel" durchlaufen möchten. Wenn ihr die Gesetzmäßig-

---

* siehe „Der Aufstieg der Erde in die fünfte Dimension" ISBN 3-89568-109-1

keiten verstanden habt, lässt euer Interesse nach und ihr trachtet danach euren Inkarnationszyklus zu beenden! Ebenso verhält es sich mit dem Planetenbewusstsein, nachdem es die höchste Schwingung erreicht hat, kehrt es zurück zur Göttlichen Quelle.

Aber es gibt auch diesen Spielplan, der weiterläuft. Wenn wir jetzt sagen: Das Planetenbewusstsein kehrt zurück zur Quelle, dann bedeutet das nicht, dass das Duale Universum aufhört zu existieren! Es wird mit frischem Bewusstsein beseelt.

Frage:
Wenn jetzt so viele Seelen die Meisterschaft erlangen und ihren Inkarnationszyklus beenden, wird es dann ein harmonischeres Leben auf diesem Planeten geben? Wenn so viele weggehen, wer ist dann noch da?

Kuthumi

Der Letzte macht das Licht aus! (scherzhaft) Gut, ihr werdet sehr rasch ein harmonischeres Leben aufbauen und das in sehr wenigen Generationen!

Meine Liebe, wie bereits gesagt; der Planet Erde steht im Austausch mit der Quelle. Auch Planetenbewusstsein stammt aus der Göttlichen Quelle und kehrt wieder dorthin zurück. Aber wir möchten damit keinen Zeitdruck auslösen, es wird noch über einige Generationen weitergehen.

Einwurf:
Was versteht ihr unter der Zeitangabe: „über einige Generationen"? Sind das vielleicht 100 oder 200 Jahre?

Kuthumi

Meine Liebe, wir können dir diese Frage nur latent beantworten: Es ist kein zeitlicher Druck da, und es werden auch nach 2012 Kinder geboren. Es geht solange weiter, wie es noch Interessenten gibt, die auf diesem aufsteigenden Planeten inkarnieren wollen! Aber von Generation zu Generation erhöht sich weiter die Schwingung und die Seelen, die sich verabschieden, werden häufig nicht wiedergeboren und verlassen das Duale Universum, so dass allmählich diese Überbevölkerung schmilzt.

Ein Planet mit einer so hohen Schwingung ist für jüngere Seelenalter zur Inkarnation nicht geeignet! Zu einem späteren Zeitpunkt werdet ihr diesen Planeten dann nach und nach auch bei wachem Bewusstsein verlassen können. Die Atmosphäre wird immer feinstofflicher, und ihr könnt wechseln zwischen den Welten. Irgendwann werdet ihr aus dem jenseitigen Bereich auf den Planeten Erde springen können ohne zu inkarnieren. Die Bedingungen werden dann dieselben sein wie im feinstofflichen Bereich! Ihr könnt die Erde dann betreten und wieder verlassen ohne zu sterben oder geboren zu werden. Und wenn dieser Zeitpunkt gekommen ist, dann verabschiedet sich das Planetenbewusstsein und kehrt zur Göttlichen Quelle zurück. Diese Ereignisse liegen aber in der Zukunft!

Das Sterben ist ein Erwachen

Frage:
Dann ist es also schon bald so weit, dass wir nicht mehr sterben müssen?

Kuthumi

Das ist der zweite Schritt! Zuvor werdet ihr aus dem jenseitigen Bereich nicht mehr geboren, sondern könnt direkt mit eurem Seelenkörper den Planeten betreten und seid für inkarnierte Menschen sichtbar, berührbar und ganz klar vorhanden – also kein unsichtbarer Geist mehr! Der Unterschied zu den Geborenen ist der: diese haben einen Bauchnabel, der euch dann fehlt! Und alle die, die ohne Geburtsvorgang den Planeten betreten haben, können ihn auch ohne zu sterben wieder verlassen. Um es ganz klar auszudrücken: Hast du einen Bauchnabel – dann ist das der Beweis für deine physische Existenz und diese wurde durch Schwangerschaft und Geburt erschaffen – dann wirst du auch sterben und diese physische Hülle wieder abstreifen!

Aber auch das Sterben vollzieht sich jetzt und in Zukunft mit immer mehr Bewusstheit. Das bedeutet, dass der Sterbende um seine Seele weiß, den Tod als einen normalen Übergang betrachtet, aufhört dagegen anzukämpfen und den Prozess auch bewusst schmerzfrei und leicht durchlaufen kann. Ihr habt einen Einfluss auf alles – auch auf den Tod. Nur könnt ihr Gesetzmäßigkeiten nicht ausschalten und umgehen!

Frage:
Welche Gesetzmäßigkeiten können wir nicht ausschalten und umgehen?

Kuthumi

In diesem Fall meinten wir die Vorstellung, dass ihr in einem physischen Körper ewig existiert und nicht mehr sterben müsst!

Frage:
Dann kann man also aus dem Jenseits die Erde betreten ohne auf ihr geboren

zu werden und wird von den inkarnierten Menschen auch ganz bewusst wahr-
genommen und kann sich mit ihnen unterhalten?

Kuthumi

Ja. Wobei Folgendes gilt: Geistwesen – Verstorbene – können die Erde schon immer besuchsweise betreten ohne dabei zu inkarnieren. Sie besuchen dann ihre irdischen Verwandten, ihre Seelengeschwister oder sind unsichtbare Zuschauer bei einem Großereignis. Es ist also durchaus normal, dass ihr Besuch aus dem Jenseits habt! Sie belagern unsichtbar eure Hochzeiten, Beerdigungen und größeren Familienfeiern.

Was sich verändert ist eure Bewusstheit und die Tatsache, dass ihr es mit euren Augen wahrnehmen werdet! Das bedeutet wiederum nicht, dass jeder 2013 Geistwesen sehen wird. Aber vielleicht ist es in 100 Jahren ganz normal.

Durch die Schwingungserhöhung gibt es eine schrittweise Anpassung an die Frequenz des Seelenkörpers, außerdem werdet ihr vorbereitet auf dieses geistige Wissen und die wahrhaftige Existenz der Seele.

Frage:
Wie läuft das dann ab? Wie kann ich mir das vorstellen?

Kuthumi

Gut, nehmen wir ein Beispiel: Du bist draußen bei der Gartenarbeit. Dein verstorbener Vater, der früher diesen Garten bewirtschaftet hat, materialisiert sich aus dem Jenseits um zu schauen, was du da treibst.

Momentan bekommst du das eher geistig mit: Du denkst dann an deinen Vater, erinnerst dich wie er was gemacht hat, und hast das Gefühl, dass er dir gedanklich Ratschläge gibt. Aber du kannst ihn nicht sehen! Und das wiederum wertest du als Beweis, dass du Gott sei Dank normal bist und dir gerade nur etwas ausgedacht hast! Was für ein Irrtum!

In Zukunft wirst du etwas sehen: Du siehst eine flackernde Gestalt, die halb physisch – halb durchscheinend wirkt und vielleicht 10 Meter von dir weg steht. Beim ersten Mal erschrickst du vielleicht. Aber ihr werdet euch zulächeln und schon bald in ein geistiges Gespräch vertieft sein. Die

Unterhaltung findet dann in deinem Kopf statt. Geistwesen hören deine Gedanken, als ob du laut sprechen würdest.

Und wenn sie etwas zu euch sagen, hört es sich wie ein innerer Dialog an. Irgendwann wird es dann selbstverständlich sein, dass ihr sie zu Familienfesten einladet und von ihnen Hinweise bekommt. Allerdings solltet ihr diese Hinweise prüfen, denn jeder Verstorbene kann euch nur Tipps geben, die aus seiner Sichtweise und Entwicklungsstufe sinnvoll sind. Das solltet ihr beachten!

Frage:
Was geschieht, wenn ein Mensch stirbt?

Konfuzius
Gut, auch wenn eine Person noch im irdischen Körper verweilt, dann ist es für gewöhnlich so, dass sie bestimmte Phasen durchläuft, die ihr bereits auf irdischer Ebene beobachtet habt. Da gibt es eine Phase des Kampfes, des sich gegen das Ende Auflehnens und andererseits eine Phase des Akzeptierens, des Loslassens oder auch des Hineingleitens in die Verzweiflung. Und das ist der Moment, wo sich jemand öffnet und empfänglich wird für den feinstofflichen Bereich. Eine Phase, in der er auch offen ist für Aufklärungen. Beim natürlichen Sterben durch Altersschwäche gibt es vor allen Dingen zwei Typen: Die Erschöpften und die Ängstlichen. Die Erschöpften hören auf für das Leben zu kämpfen, wollen nur noch schlafen, verweigern das Essen und sind an nichts mehr interessiert. Sie werden dann aufgeklärt aus dem feinstofflichen Bereich; das könnte so geschehen: die Person hält vielleicht einen Mittagsschlaf oder ist in einem halbwachen Dämmerzustand, plötzlich geht die Tür auf und sie bekommt Besuch von ihrer verstorbenen Großmutter aus dem jenseitigen Bereich. Diese setzt sich ans Bett, streichelt ihren sterbenden Enkel und macht ihm Mut, dass alles gut wird!

Für gewöhnlich kommt die sterbende Person dann in ein anderes Stadium. Sie lässt die Angst vollkommen los und hat etwas Strahlendes – Ausgesöhntes. In ihr ist eine Ruhe und Gewissheit, dass es weiter geht und alles in Ordnung ist!

Die Ängstlichen kämpfen mehr, sie klammern sich am physischen Körper fest, sie erinnern sich an eine Drohung aus der Kindheit, als ihnen gesagt wurde, dass sie in die Hölle kommen. Ihr Gewissen konfrontiert sie mit einer Untat, die Jahrzehnte zurückliegt, und wenn die Großmutter aus dem jenseitigen Bereich kommt, halten sie sich die Augen zu und schreien: „Geh weg!" Sie können sogar von Höllenvorstellungen heimgesucht werden, wenn ihre Ängste besonders ausgeprägt sind.

Es wäre günstig, wenn ihr euren älteren Mitmenschen erzählen würdet: „Der Tod ist nicht das Ende! Du wirst ein Licht sehen und von bereits verstorbenen Freunden abgeholt werden. Sie nehmen dich mit nach Hause! Es ist alles in Ordnung! Du brauchst keine Angst zu haben! Niemand wird wegen irgendetwas bestraft!"

Nicht jeder wird es in diesem Moment annehmen können. Aber es ist günstig, wenn diese Information mal ausgesprochen wurde. Dann können die Sterbenden leichter damit umgehen, wenn die Aufklärung aus dem feinstofflichen Bereich kommt.

Nun, kommen wir zu dem Augenblick des Loslassens und Hinübergehens:

Zu sterben muss nicht dramatischer sein als abends einzuschlafen, und es tut nicht weh! Jedenfalls dann nicht, wenn ihr nicht dagegen ankämpft. Der Sterbende verlässt die physische Hülle über das Kronenchakra. Es fühlt sich an wie ein Rausch oder eine Welle, die von den Gliedmaßen nach oben steigt und letztendlich euren feinstofflichen Körper aus der physischen Hülle herausschiebt. Die Silberschnur löst sich auf und damit die Verbindung zu diesem abgelegten, physischen Körper. Ihr habt dabei niemals das Gefühl körperlos zu sein, weil sich der feinstoffliche Seelenkörper sehr ähnlich anfühlt. Nur dieser hat eine andere Stofflichkeit, er schwebt und ist offenbar schwerelos und kann physische Hindernisse wie Wände durchdringen. Es gibt auch immer ein Abholkomitee aus dem jenseitigen Bereich mit alten Freunden und Verwandten, die häufig tagelang im Schlafzimmer warten und schließlich den Neuling in Empfang nehmen. Gleichzeitig repräsentiert sich der Lichttunnel. Er kann aussehen wie ein Tunnel, wie eine wundervoll geschmückte Brücke oder ein Lichtweg. Der Frischverstorbene ist häufig emotional tief berührt und wird von seinen Freunden nach Hause begleitet. Beim Überschreiten der Brücke bricht sein Erinnerungsvermögen auf. Ihm fallen all die Dinge ein, die ihm bewusst waren vor dem Aufenthalt in der

Physis. Er erinnert sich an den feinstofflichen Ort, wo er zu Hause ist, an alle Freunde, die er jetzt wiedersehen wird, und er fragt bereits unterwegs das Abholkommando nach Seelen, die ihm in den Sinn kommen. Daran schließen sich Wiedersehensfeste und Einladungen. Eine durch und durch freudvolle Zeit für die heimkehrende Seele!

Nun, auch hier spiegelt sich die Dualität: Die irdisch zurückgebliebenen Verwandten übernehmen das Kontrastprogramm und sitzen da mit ihren Taschentüchern und trauern. Aber einen geliebten Menschen loszulassen ist auch schmerzhaft! Ihr wisst häufig nicht, warum das jetzt geschehen musste! Und glaubt auch manchmal, ihr hättet noch Zeit gewinnen können, wenn ihr früher auf Symptome geachtet hättet. Ihr macht euch gar Vorwürfe falsch gehandelt zu haben und manchmal glaubt ihr, wenn ihr eine andere Entscheidung getroffen hättet, dann wäre das Ergebnis jetzt ein anderes!

Meine Lieben, lasst euch gesagt sein: Ihr konntet es nicht verhindern! Manchmal verlässt eine Seele auch in den besten Jahren wieder die irdische Ebene. Es gibt dafür Gründe, aber ihr werdet nur selten die Gnade erfahren, diese Gründe auf der irdischen Ebene zu erfahren und auch noch zu verstehen! Lasst die Trauer zu und die Tränen fließen – sie spülen die emotionalen Giftstoffe aus eurem Körper und das ist Heilung! Und wisset auch, dass es euren Lieben gut geht! Ihr werdet sie eines Tages wiedersehen!

Frage:
Kuthumi erzählte vorhin, dass dieses Wiedersehen in Zukunft möglich ist, wenn die Erde eine höhere Schwingung hat. Ich meine damit, dass man auch in der Physis ein Geistwesen schon bald sehen wird. Wäre das nicht auch hilfreich für eine Person, die einen lieben Menschen an den Tod verloren hat?

Konfuzius
Das ist möglich! Wenn eine irdische Person wirklich wissen möchte, ob eine geliebte verstorbene Seele weiter existiert, dann kann sie auch jetzt schon ein derartiges Wunder erleben. Allerdings dürft ihr ein bisschen Geduld mitbringen, weil ihr auf diese Begegnung vorbereitet werden müsst!

Schicksal, Karma und freier Wille

Frage:
Wie viel von unserem Leben ist vorbestimmt und wie viel können wir selbst wählen? Wie funktioniert das mit dem freien Willen genau? Und ich habe schon von der Palmblattbibliothek in Indien gehört, wo man seine Zukunft erfahren kann. Wie weit ist sie festgelegt oder auch veränderbar. Könnt ihr mir das erklären?

Konfuzius
Es kommt darauf an, in welcher Entwicklungsstufe eure Seele ist. Prinzipiell habt ihr immer und grundsätzlich einen freien Willen und könnt wählen. Aber aufgrund dessen, dass ihr euch in einem Inkarnationszyklus befindet, den eure Seele bestrebt ist zu vollenden, durchlauft ihr dabei auch bestimmte Stadien. Stadien, in denen ihr beispielsweise ausprobieren möchtet, wie gut ihr andere Menschen aufs Kreuz legen und betrügen und wie sehr ihr eure Macht missbrauchen könnt. Das alles sind Möglichkeiten, die jeder in unterschiedlich starkem Maße austestet. Und wenn ihr dann im jenseitigen Bereich seid und die trefft, die ihr betrogen habt, denen ihr übel mitgespielt habt, dann gibt es Seelen, die euch Vorwürfe machen.

Diese Situation ist für euch peinlich, ihr werdet an Handlungen erinnert, die ihr verdrängt hattet, und ihr zeigt euch entweder zerknirscht und schuldbewusst oder spielt die Handlung herunter – so nach dem Motto: „Was regst du dich so auf, wegen so einer läppischen Vergewaltigung! Schließlich habe ich dich kaum geschlagen und überlebt hast du es auch!"

Die Zerknirschten sind anders drauf; sie sind diejenigen, die sich im jenseitigen Bereich machtvoll anklagen, die darum betteln „bestraft" zu werden, weil sie diesen schuldigen Teil in sich selbst, der so herzlos gehandelt hat, nicht annehmen können.

Manchmal entwickelt sich eure Seele am schnellsten, wenn ihr die Situation auch einmal aus der anderen Perspektive erlebt. Dann wisst ihr, wie es sich anfühlt betrogen zu werden oder vergewaltigt. Diese Auswirkungen sind in einem bestimmten Seelenalter mehr festgeschrieben. Ihr erwählt euch dann bestimmte Erfahrungen, die ihr aufgrund eurer Vergehen machen möchtet. Eure irdische Sichtweise auf die Situation ist etwas beschränkt. Ihr seht nur, was einer Person widerfährt und könnt nicht glauben, dass sich jemand wählt vergewaltigt, überfallen, ruiniert oder ermordet zu werden. Es gibt in jedem Fall einen guten Grund!

Wenn diese Phase vorüber ist, beginnt ihr eher an eurer Bewusstheit zu arbeiten und dabei zu Selbsterkenntnissen zu kommen. Das geschieht zumeist durch irgendeinen Schicksalsschlag, durch eine leidvolle Erfahrung, die ihr persönlich erwählt habt. Dadurch fragt ihr euch nach dem Sinn des Lebens, was dahinter steht und dann ist dieser Ausgleich nicht mehr von Gewalt gekennzeichnet, sondern hat eher feinere Facetten: Wenn ihr in einem vergangenen Leben jemanden ruiniert habt, dann zieht ihr in der Nachfolge Ruin in euer Leben! In diesem Stadium wählt ihr auch eure Leben mit mehr Bewusstheit.

Ihr könnt jederzeit wählen, auch wenn ihr glaubt, dass viele Dinge vielleicht vorbestimmt sind. Vorbestimmt sind sie in dem Sinne, dass ihr aus bestimmten Handlungen etwas lernen möchtet. In diesem späteren gewaltlosen Stadium schiebt ihr manchmal anstehende Entscheidungen und Entwicklungsschritte vor euch her. Aber ihr wisst zumindest halbbewusst, dass ihr Vollendung anstrebt, und das wiederum funktioniert wie eine geistige Hefe, die in euch gärt und euch erinnert, dass da noch ein Entwicklungsschritt aussteht!

Nun, fragst du nach der Palmblattbibliothek in Indien und du möchtest gerne wissen, ob du vielleicht dein Leben da verzeichnet findest. Mein Lieber, wir möchten Folgendes dazu sagen: in dieser Bibliothek ist eine große Ansammlung von menschlichen Entwicklungswegen verzeichnet. Deine Daten werden dann hochgerechnet und daraus ergibt sich ein Menschentypus. Es ist so ähnlich, als würdest du zu einer Lebensfrage eine Tarotkarte ziehen und diese Karte hat eine bestimmte Aussage. Im vergleichbaren Maße trifft das auch auf die Palmblattbibliothek zu! Da gibt es einen bestimmten Typ Mensch, der errechnet wird, und du wirst Parallelen zu deinem Leben sehen, aber es sind keine einhundertprozentigen Parallelen.

Frage:
Dieses Thema mit dem Karma auswählen, macht mir doch etwas zu schaffen!

Man geht also ins Hologrammkino und nimmt sich vor: Im nächsten Leben möchte ich mal ermordet werden. Ist es so?

Konfuzius

Gut, Voraussetzung ist: Du befindest dich im Zahn-um-Zahn-Entwicklungsstadium. Zimmern wir ein Beispiel, wie es geschehen kann, dass sich jemand wählt: Ich möchte im nächsten Leben gewaltsam sterben! So etwas hat immer eine Vorgeschichte:

Angenommen, im letzten Leben hast du einen Konkurrenten aus dem Weg geräumt, indem du ihn erdolcht hast. Diese Handlung hat also einen persönlichen Aspekt. Das heißt, in dir hat es einen Beweggrund für diese Handlung gegeben. Dieser persönliche Hass-Aspekt fehlt häufig in Kriegen! Was hat dich also bewogen ihn zu töten? Ist es deine Gier? Eifersucht auf sein Können? Hat er etwas über dich gewusst, was nicht ans Licht kommen durfte? Es gibt viele Gründe!

Du bist also mittlerweile wieder im Jenseits und bereit, dir das nächste irdische Leben zu wählen. Zur Erinnerung: Da gibt es diese Hologrammkinos – eine Datenbank der Akashachronik – in der ihr euch ein neues Leben erwählt.

In dem Moment, wo du das Hologrammkino betrittst, steht also unter anderem in deiner Aura geschrieben: „Tötet aus Gier! Und reißt sich den Besitz des Opfers unter den Nagel." Diese Eigenschaft ist so etwas wie dein genetischer Fingerabdruck. Er gibt auch Auskunft über deine liebevollen Aspekte, z. B. dass du deine Frau und deine Kinder gut versorgst, hilfsbereit gegenüber Freunden bist. Und er repräsentiert darüber hinaus deine Überzeugungen, z. B.: mit Geld kann man sich alles kaufen und alle Unannehmlichkeiten regeln, aber man muss eine harte Hand gegenüber Konkurrenten zeigen!

Das ist jetzt ein simples Beispiel. In Wirklichkeit sind die Informationen des genetischen Abdrucks weitaus komplexer!

Beim Betreten des Hologrammkinos wird also dein Energiefeld gelesen! Du wählst eine Zeit, ein Land, eine Region und gibst deine persönlichen Wünsche ein. Zum Beispiel: Männlich, Adelsfamilie, Ritterlaufbahn, Ruhm in der Schlacht, Hochzeit mit reicher gutaussehender Frau, eigenes Rittergut, Söhne, Ritterfreunde … usw.

Einige deiner jenseitigen Freunde sind möglicherweise auch für dieses Leben zu begeistern und du findest acht bis zehn, die da mit einsteigen.

Bei all euren Plänen blendet ihr in diesem Entwicklungsstadium etwas aus: Die Emotionen, die euch zu Hass-Handlungen verleiten! Und da ist der Fallstrick!

Frage:
Du weichst meiner tatsächlichen Frage aus! Weiß man im Hologrammkino, dass man im nächsten Leben ermordet wird?

Konfuzius

Ja! Deine Seele weiß es! Aber ihr dürft nicht vergessen, dass ihr es im jenseitigen Bereich wählt! Der Tod hat dort keine Bedrohung für euch! Euer irdisches Ego wird es machtvoll verdrängen! In diesem Entwicklungsstadium ist der Kanal des Vergessens sehr massiv. Du möchtest es um keinen Preis wissen! Und trotzdem begreifst du das Geschehen, unmittelbar vor der Tat!

Frage:
Du hast von einem Hass-Aspekt gesprochen, welcher verleitet zu töten. Und dass dieser in Kriegen nicht vorhanden ist. Könntet ihr das klarer erklären?

Konfuzius

Nun, es gibt davon eine Ausnahme: Wenn du als junger Mensch erlebst, wie dein Land überfallen wird und Menschen ausgelöscht werden, die dir nahe stehen, dann entwickelst du einen Hass auf die Eindringlinge. Und du wirst dich wahrscheinlich freiwillig melden, um diese Ungerechtigkeit zu bekämpfen. Solche Opfer werden gern rekrutiert, weil sie mit Hass und Leidenschaft kämpfen und selbst ihren eigenen Tod in Kauf nehmen.

Diese Hingabe findest du bei Menschen, die einen Wehrdienst ableisten oder einige Jahre beim Heer verbringen, nicht!

Kommen wir zum Hass- oder Angstaspekt: Ihr alle habt in früheren Leben Erfahrungen gesammelt und Geschehnisse, die besonders emotional waren, sind im stärkeren Maße in euer Zellbewusstsein eingeprägt und werden in späteren Leben, in vergleichbaren Momenten wieder aktiviert. Das heißt, du bist in einer Situation, die Parallelen zu einem früheren Erlebnis hat, und in dir steigen in diesem Moment alte Ängste oder alte Wut auf – manchmal auch beides. Das sind Augenblicke, in denen du in einem mittleren Seelenalter unberechenbar wirst! Und da könnten Hass- oder Angsthandlungen geschehen.

Die Seelenfamilie

Frage:
Ich wollte dich bitten, dass du erklärst wie der Unterschied ist zwischen der
Seele und dem Hohen Selbst. Ich verstehe nicht so genau den Unterschied!

Konfuzius

Bevor ihr in dieses Duale Universum gegangen seid, wart ihr eine göttliche
Wesenheit, ein androgynes Wesen, was immerfort in einer bestimmten körperlichen Schwingungsform existierte, die androgyn war und weder alterte
noch starb. Danach habt ihr euch auf ein Spiel eingelassen und dieses Spiel
heißt: Abenteuer im Dualen Universum!

Beim Betreten dieses Dualen Universums habt ihr diese Urausstattung
– diesen androgynen göttlichen Körper – aufgegeben. Ihr habt eine Seelenfamilie gegründet. Dabei hat sich euer Lichtwesen-Bewusstsein aufgespaltet
in mehrere Personen. Da gibt es einmal die Seelengeschwister und auf der
anderen Seite das göttliche Hohe Selbst.

Eure Seele ist der Teil, der immerwährend lebendig Erfahrungen sam-
melt. Wenn ihr im Irdischen seid, dann spürt ihr eure Seele als das in euch,
was euch lebendig macht, was euch belebt, was euch zum Denken und
Fühlen anregt. Wenn ihr im jenseitigen Bereich seid, dann befindet ihr
euch in eurem persönlichen Seelenkörper, aber ihr habt auch einen Bezug
zu denen, die ebenfalls in eure Seelenfamilie hineingehören und zu eurem
göttlichen Hohen Selbst.

Das göttliche Hohe Selbst ist wie eine Schirmperson – der Rettungsschirm, wenn ihr in Not seid – die über allen Mitgliedern dieser Seelenfamilie steht, die euch betreut, wenn ihr inkarniert und die euch zur Seite
steht, wenn ihr euch im jenseitigen Bereich aufhaltet. Das göttliche Hohe
Selbst könnt ihr von euch selbst als getrennt wahrnehmen, so lange ihr im
Dualen Universum verweilt.

Ebenso haben sich eure Seelengeschwister von euch abgespalten, so dass
mehrere Erfahrungen sammeln und zusammentragen. Diese Sammlung
wird gespeichert im göttlichen Hohen Selbst und eure Erfahrungen sind

auch in euch abrufbar. Eure Seele ist das, was euch lebendig macht in einem physischen Körper und es ist dieser Seelenkörper, der sich im jenseitigen Bereich zwischen den Inkarnationen, oder auch nachts wenn ihr schlaft, aufhält.

Frage:
Kann ich in Rückführungen auch Erfahrungen abrufen, die eigentlich meine Seelengeschwister gemacht haben?

Konfuzius

Ja, das ist möglich! Gut, meine Liebe, lass uns die Frage etwas ausführlicher beantworten: Ihr alle habt irgendwann einmal dieses Duale Universum betreten. Zuvor wart ihr ein Schöpfergott. Beim Betreten des Dualen Universums teilt sich dieser Schöpfergott. Ein Anteil bleibt androgyn und dann gibt es eine unterschiedliche Anzahl von Geschwistern, die ein weibliches oder männliches Geschlecht haben.

Alle, die zuvor ein Schöpfergott waren, ergeben dann eine bestimmte Personenzahl gemeinsam mit dem Hohen Selbst. Das ist die Seelenfamilie! Dann beginnen alle, die ein Geschlecht bekommen haben, auf der Erde oder auf einem anderen Planeten zu inkarnieren.

Ihr durchlauft verschiedene Erfahrungen. Ihr entwickelt euch kontinuierlich vorwärts mit euren Seelengeschwistern. Ihr werdet für gewöhnlich abwechselnd geboren. Nehmen wir ein Beispiel:

Angenommen, deine Seelenfamilie besteht aus einem göttlichen Hohen Selbst, welches androgyn ist und 4 Seelengeschwistern, zweimal männlich, zweimal weiblich. Zwei davon sind immer in der Materie inkarniert. Wenn sie dann dieses Leben – welches vielleicht 70, 80 oder 90 Jahre dauert – hinter sich bringen, dann kommen sie wieder in den feinstofflichen Bereich und die anderen beiden, die sich die ganze Zeit im Jenseits bei dem Hohen Selbst ausgeruht haben, die werden jetzt geboren und verbringen ihrerseits ein Leben auf der Erde. So läuft das im Wechsel. Ihr entwickelt euch ungefähr gleich schnell vorwärts.

Nun ist es so, angenommen einer deiner Seelenbrüder wäre bei einem irdischen Ereignis dabeigewesen, was vielleicht viele Menschen angezogen hat. Nehmen wir als Beispiel den Untergang der Titanic.

Einer deiner Seelengeschwister war auf diesem Schiff. Dann könnte es sein, dass du auf irdischer Ebene von diesem Schiff fasziniert bist. Du besorgst dir vielleicht später, wenn es längst untergegangen ist, Literatur darüber. In dir ist irgendeine Begeisterung, die logisch nicht unbedingt erklärbar ist.

Dir ist nicht bewusst, warum dich die Titanic interessiert und dass es mit deinem Seelenbruder zu tun hat. Das kommt dir für gewöhnlich nicht in den Sinn!

Wenn du dann Rückführungen machst, dann könntest du dich an Bord dieses Schiffes erleben, obwohl es nicht deine Erfahrung ist. Aber sie wird dir dann über das göttliche Hohe Selbst zugespielt.

Deine eigenen Inkarnationserfahrungen sind sehr intensiv mit Emotionen verbunden. Die Erfahrungen eines Seelenbruders erlebst du dann eher mit Abstand. Du siehst das Geschehen, kannst dich auch hineinversetzen, aber die Tiefe der Emotionen ist nicht vorhanden. Du bist eher Zuschauer!

Frage:
Ich habe neulich gelesen, dass viele eigentlich als Zwilling hätten geboren werden sollen. Aber dass ein Zwilling im Mutterleib abstirbt oder sich nicht entwickeln kann. Es gibt in der Plazenta wohl Überreste, die auf ein zweites Kind hinweisen und auch Menschen, die dadurch bedingt Verlassenheitsängste haben. Was passiert da?

Konfuzius
Meine Lieben, wir können nicht bestätigen, dass dieses Phänomen häufig auftritt! Es hat eher Seltenheitswert. Aber es gibt etwas anderes in eurem unbewussten Erinnerungsvermögen, was im Augenblick der Zeugung stattgefunden hat und eine Erklärung für diese Verlassenheitsängste sein könnte:

Ihr besitzt im jenseitigen Bereich eine Seelenfamilie und wusstet vor dieser Geburt, dass ihr in eine aufsteigende Zeitebene geht und die Herausforderungen dieses Mal ganz besonders hoch sind, weil ihr möglicherweise den Abschluss machen möchtet. Der Abschluss bedeutet, danach frei zu sein von diesem Inkarnationszwang – ihn beenden zu dürfen.

Vor diesem irdischen Leben hat es in eurer Seelenfamilie Absprachen gegeben, wer von euch am geeignetsten ist auf der Erde die Prüfungen zu bestehen. Aus sehr vielen Seelenfamilien sind zwei in die irdische Ebene geschickt worden. Sie wurden gemeinsam vorbereitet, haben im feinstofflichen Bereich die Schulungen zusammen besucht und sich genau informiert, mit welchen Herausforderungen sie rechnen dürfen.

Diese vorbereitenden Aktivitäten habt ihr zusammen durchlaufen und dann kommt irgendwann der Moment der Trennung. Sie findet im Augenblick der Zeugung statt. In dem Moment, in welchem der erste von euch von seinen Eltern gezeugt wird, stürzt eure Seele hinab in die Physis. Ihr wusstet, dass ihr euch erst einmal loslassen müsst und aus den Augen verliert und möglicherweise erst nach mehreren Jahrzehnten treffen werdet oder auch überhaupt nicht.

Viele von euch sind zu zweit auf der irdischen Ebene und manchmal können Urerinnerungen aufbrechen, dass ihr ursprünglich diese Vorbereitung auf die Inkarnation zu zweit besucht habt und dass es da noch jemanden gibt, den ihr kennt, und der ebenfalls auf der irdischen Ebene ist. Das könnte eine Erklärung für diese Verlassenheitsängste sein. Aber schaut auch, ob ihr natürliche Ursachen in eurem Leben findet!

Frage:
Ich möchte gerne wissen, ob Seelendual und Schutzengel ein und dasselbe sind?

Konfuzius
Nein. Der Schutzengel ist im allgemeinen dein göttliches Hohes Selbst. Es ist immer zuerst informiert, wenn etwas nicht stimmt oder eine Gefahr besteht und dann ist es sofort an deiner Seite und wendet auch die Bedrohung ab. Es sei denn diese Gefahr ist geplant und hat mit Karma oder Entwicklungsschritten zu tun. In bestimmten Fällen kann sich das göttliche Hohe Selbst außerdem Unterstützung von den Erzengeln oder Aufgestiegenen Meistern holen.

Gibt es Zufälle?

Frage:
Neulich war ich mit einer Freundin im Auto unterwegs und habe auf dieser Fahrt einen Strafzettel bekommen. Ich habe ein Stoppschild in einer ruhigen Wohngegend überrollt. Ich war weder schnell, noch war die Situation in irgendeiner Weise gefährlich. Aber der Polizist hat sinngemäß im Gebüsch gelauert. Danach habe ich überlegt, was mir das sagen möchte? Es gibt nach meinem Empfinden keine Zufälle, aber meine Freundin hat behauptet, es gibt kleine Zufälle! Also es hat nicht unbedingt etwas zu bedeuten! Was ist denn nun die Wahrheit? Könnt ihr da Klarheit reinbringen?

Kuthumi

Gut. Wir möchten es so ausdrücken: Die großen Ereignisse in eurem Leben sind niemals zufällig. Wenn ihr bestraft werdet, wenn ihr verletzt werdet, dann ist niemals der Zufall am Werk. Diese Ereignisse zieht ihr magisch an. Ihr sendet sinngemäß aus: „So und so sind meine Überzeugungen, Welt! Was sagst du denn dazu?" Damit geht ihr in Resonanz mit eurem Umfeld, und das äußere Leben beschert euch dementsprechende Erfahrungen, die euch wachrütteln und zum Erkennen bringen sollen!

Also die Großereignisse plant ihr vor. Aber ihr teilt die Welt, die euch umgibt mit anderen, die ebenfalls ihre Überzeugungen aussenden. Dadurch bedingt könnte es vorkommen, dass ihr „zufällig" zum falschen Zeitpunkt am falschen Ort seid. Das bedeutet noch lange nicht, dass ihr irgendeiner Gefahr ausgesetzt seid! Ihr befindet euch lediglich in einem Raum, in dem andere vielleicht eine Verabredung mit dramatischen Ereignissen haben. Aber ihr seid dabei im vollkommenen Schutz! Euer göttliches Hohes Selbst ist an eurer Seite, es stülpt euch eine Art Glocke über und somit seid ihr geschützt. Euch kann nichts geschehen!

Nehmen wir dafür ein Beispiel: Angenommen, ihr wohnt in einer großen Stadt, in der es auch Kriminalität gibt. Ihr selbst seid entwicklungsmäßig aus diesem Stadium herausgetreten, aber ihr befindet euch auf einer Straße, in der in zehn Minuten eine Schießerei stattfindet. Euer göttliches

Hohes Selbst weiß von diesem Geschehen, was sich da abzeichnet.

Ihr seid also in dieser Straße. Euer göttliches Hohes Selbst wird euch zu Anfang Gedanken schicken: „Geh in ein Café! Mach dieses, mach jenes und verschwinde aus der Gegend!" Vielleicht spürst du Angst oder Unsicherheit, kannst dieses Gefühl aber nirgends festmachen oder logisch erklären. Du könntest dich verzetteln und gerade um die falsche Zeit auf die Straße treten und dann macht dein Hohes Selbst Folgendes: Es hüllt dich in einen Kokon, der dich abschirmt!

Der Kokon sorgt dafür, dass du geschützt bist und von dieser Schießerei, die vielleicht nur drei Häuserblocks weiter stattfindet, nicht einmal etwas mitbekommst. Es könnte aber auch sein, dass du etwas hörst und denkst: Was ist denn da vorne los? Du hörst die Sirene eines Polizeiautos, Menschen laufen weg, Fenster werden geöffnet. Und du schaust dann, was da passiert ist und hinterher sagst du dir: „Das war aber gefährlich! Gott sei Dank war ich noch so weit weg!"

Das ist so eine Erfahrung, bei der ihr zum falschen Zeitpunkt am falschen Ort weilt, aber dennoch vollkommen geschützt seid!

Fliegen euch allerdings in dieser Situation die Kugeln um die Ohren, dann hat es etwas zu bedeuten! Im zweiten Fall hast du ein Resonanzfeld mit dem kriminellen Geschehen. Die erste Frage, die ihr klären dürft ist also:

War ich persönlich in Gefahr? Wie nah war ich an diesem gefährlichen Geschehen? Habe ich es wirklich im Augenblick als es geschah mitbekommen oder wurde es mir hinterher von anderen erzählt? Das sind die Unterschiede, die darüber entscheiden, ob es euch etwas sagen möchte oder ihr im vollkommenen Schutz am falschen Ort wart.

Nun gibt es bei den reifen Seelen ein Entwicklungsstadium, wo sie das Analysieren lieben, sie können davon gar nicht genug bekommen und neigen dazu jede Kleinigkeit auf Ursachen zu erkunden. Wenn ihr in diesem Stadium seid, werdet ihr euch etwas aus den Fingern saugen, ob das nun vernünftig ist oder nicht!

Deshalb gilt es bestimmte Punkte zu beachten:

Wenn dir quasi die Kugeln um die Ohren fliegen, aber du bist noch mal mit dem Leben davongekommen, dann bist du betroffen! Dann hat es etwas mit deinem Leben zu tun! Und du darfst dich fragen: „Pflege ich

Umgang mit kriminellen, gewalttätigen Menschen? Ziehe ich mir jeden Abend einen Horror- oder Actionfilm rein? Welche Ängste habe ich bisher verdrängt?"

Wenn du aber in diesem Kokon des Schutzes bist und während des Geschehens auf etwas ganz anderes ausgerichtet, zum Beispiel auf ein Gespräch in deinem Handy oder du schaust dir ein Schaufenster an und ein Stück weiter weg passiert etwas. Du merkst es in diesem Moment überhaupt nicht und plötzlich registrierst du das stattgefundene Drama, dann musst du nicht fragen: „Hat es mit mir zu tun?" Verstehst du den Unterschied?

Antwort:
Sehr, sehr gut, Meister Kuthumi! Man ist sich einfach dann der Dinge nicht bewusst. Ich habe es sehr klar verstanden! Kurze Frage dann aber zu dem Strafzettel: Ich war ja betroffen, ich war mitten drin und habe eine hohe Geldstrafe bekommen.

Kuthumi
Als erstes darfst du die natürlichen Umstände betrachten: Du fährst mit deiner Freundin im Auto und ihr unterhaltet euch. Ist es möglich, dass euer Gespräch dich abgelenkt hat?

Antwort:
Nicht übermäßig. Ich empfand eher das Verhalten des Polizisten überzogen. Ich bin wirklich nur über die Straße gerollt und geschaut habe ich auch.

Kuthumi
Du hast das Polizeiauto gesehen, bevor du an die Kreuzung fuhrst?

Antwort:
Ja, es lauerte deutlich sichtbar hinter dem Strauch. Ich dachte noch, der wartet darauf, dass jemand über das Stoppschild fährt!

Kuthumi
Fantastisch, meine Liebe! Du hattest also den Hinweis auf was er wartet!

Wenn du dann trotzdem darüber rollst, ist es für ihn wie eine Herausforderung zum Handeln. Du weißt doch wie das ist, wenn du von einem Gesetzeshüter beobachtet wirst. Dann solltest du übertrieben lange anhalten, deinen Kopf auffällig nach rechts und links drehen, den Polizisten grüßen und erst dann losfahren! Nicht jedes Ereignis birgt ein schwerwiegendes Karma!

Antwort:
Danke! Ich habe es verstanden!

Frage:
Ihr hattet vorhin erklärt, dass in Gefahrensituationen das Hohe Selbst eine Glocke über den Gefährdeten stülpt und auch Gedanken schickt, wie z.B.: „Gehe in ein Café!" Wenn sich nun aber das Café als Falle erweist, weil sich die Straßenschießerei genau an diesen Ort zurückzieht. Angenommen, die Polizei taucht auf und die Gangster stürmen meinen Rückzugsort. Dann sitze ich doch in der Falle und werde möglicherweise noch als Geisel benutzt?

Kuthumi
Das wäre allerdings ein chaotisches, unberechenbares Leben!

Meine Liebe, so etwas passiert nicht! Wenn ihr den feinstofflichen Bereich sehen könntet, würdet ihr wahrnehmen, dass neben jeder physischen Person mindestens eine feinstoffliche Wesenheit steht. Und gerade in dramatischen Situationen ist der „Himmel" alarmiert. Es ist für dein göttliches Hohes Selbst eine Leichtigkeit eine physische Tür zu verschließen und bestimmte Personen auszusperren. Für gewöhnlich folgt ihr den Anweisungen eures Hohen Selbstes automatisch ohne den geringsten Zweifel oder Gedanken, ob diese Entscheidung jetzt richtig ist.

Bemerkung:
Oh, dieser Hinweis erinnert mich an etwas: Ich war mal mit dem Auto auf der Autobahn unterwegs, wobei ich in der linken Spur gefahren bin. Plötzlich hatte ich ganz deutlich den Satz im Kopf: „Fahr rechts rüber!" Es kam fast befehlsartig, und ich habe es auch sofort getan. Keine Minute später gab es auf einmal einen Stau und ich musste sehr plötzlich bremsen. Mir ist nichts passiert! Aber die Autos in der linken Spur hatten eine Karambolage.

Kuthumi

Nun, siehst du! So funktioniert es! Was glaubst du, wie viele Menschen es auf diesem Planeten gibt, die ähnliche Erfahrungen gemacht haben!

Das Wirken des kollektiven Bewusstseins

Kuthumi

Gut, meine Lieben, viele von euch interessieren sich sehr für die Zukunft und dafür, was denn auf der irdischen Ebene passieren wird. Nun, es ist so, ihr habt einen freien Willen und es gibt im Großen und Ganzen Wahrscheinlichkeiten – bis auf bestimmte festgeschriebene Tatsachen im Spielplan des Universums. Dazu gehören beispielsweise der Tag- und Nachtrhythmus, der Schlaf und die Schwerkraft auf einem physischen Planeten sowie die Jahreszeiten. Es gibt also Gesetzmäßigkeiten, die nicht durch eure Wahl zu beeinflussen sind! Dazu gehören auch die Schwingungserhöhung und der Aufstieg eurer Zeitebene. Alles, was auf irdischer Ebene von Menschen zu beeinflussen ist, sind Wahrscheinlichkeiten – Möglichkeiten, die auf die Zukunft bezogen passieren könnten! Dazu gehören zum Beispiel historische Ereignisse wie die französische Revolution. Das Ereignis liegt in Form von Ungerechtigkeit und Ausbeutung der Bevölkerung in der Luft, aber was sich im Einzelnen in welcher Intensität abspielt, bestimmen die anwesenden Akteure – also ihr! Und damit gibt es nicht nur eine Möglichkeit! Es gibt immer eine ganze Reihe von Möglichkeiten. Und diese Möglichkeiten werden geboren aus den Ansichten der Politiker, die eure Welt regieren. Zum Anderen von denen, die im Hintergrund ihren finanziellen Einfluss spielen lassen und vom Volk, was die größte und stärkste Einheit bildet und dem kollektiven Bewusstsein als Ganzes.

Ihr alle habt etwas gemeinsam: Ihr geht abends ins Bett und schlaft. Dabei fällt euer physischer Körper in eine Art Starre und euer Seelenkörper erhebt sich und besucht die Traumebene – eure geistige Heimat, aus der ihr kommt, bevor ihr geboren werdet. Die Seele benötigt den Schlafzustand für ihre Besuche in der geistigen Welt und die Vorplanung eures Lebens. Manchmal bekommt ihr diesen Körperaustritt mit eurem Wachbewusstsein mit, indem ihr in der Einschlafphase zurückfällt und erschrocken wieder wach werdet.

Gut, aber wir wollten vom kollektiven Bewusstsein berichten: Ihr trefft euch also auf der Traumebene, um eure persönliche Zukunft mit nahen

Angehörigen zu besprechen und außerdem in größeren Gruppen um das Zusammenleben aller zu planen – in Gemeinden, Städten, Ländern, Kontinenten und der Erde. Um so größer die Gruppe desto langwieriger die Umsetzung des Zieles – einfach, weil viele Energien und Meinungen mit hineinspielen.

Als wir euch im Jahre 2002 voraussagten, dass das Geld im Paralleluniversum möglicherweise nicht mehr lange existieren würde, da war diese Aussage für euch noch sehr suspekt und in keiner Weise greifbar. Es war eine Behauptung, an welcher viele gezweifelt haben. Aber auf der Traumebene wurde schon damals davon gesprochen! Nun, seither hat sich einiges verändert auf der irdischen Ebene und dazu beigetragen haben auch eure eigenen Entwicklungsschritte. Ihr kommt voran, ihr seid nicht mehr bereit euch zu verbiegen, zu buckeln und ihr seid auch dabei alle falschen Ideale, die euch vorgelebt werden, zu erkennen und loszulassen.

Meine Lieben, aus dieser Energie eures kollektiven Bewusstseins – an dem alle teilhaben, den Interessen der Politiker und der Machthaber im Hintergrund, speisen sich verschiedene wahrscheinliche Szenarien. Möglichkeiten – was geschehen könnte – und diese sind in einem ständigen Wechsel. So ähnlich, wie wenn ihr in ein Kaleidoskop hineinschaut und ihr seht, wie die Farben zusammenfallen, wie die Energien durcheinanderwirbeln. Vielleicht könnt ihr euch erinnern wie das ausschaut. So ähnlich gestaltet sich eure Zukunft!

Da gibt es das Szenario eins, welches die Lieblingsversion von den Personen ist, die im Hintergrund die Machtfäden in der Hand halten und dagegen aufbegehren, zum einen die Politiker und zum anderen das kollektive Bewusstsein der Menschen. Diese erschaffen eigene Szenarien mit ihren Wünschen und Vorstellungen über die Zukunft. Und was dabei auch von Bedeutung ist, ist eure Bereitschaft zur Unterwerfung oder auch zum Aufbegehren – ebenso euer Interesse an der Welt. Und wir sind sehr froh, dass das Interesse der Menschen an Politik, Umwelt und Zukunftsgestaltung immer mehr um sich greift! Denn damit stärkt ihr auf der Traumebene die Opposition gegen korrupte Despoten und schafft den Nährboden für eine gerechte und freudvolle Zukunft aller!

Nun gibt es bestimmte Völker, Kulturen, in denen die Einzelperson eher bereit ist zu buckeln und das Volk als Ganzes hat eine große Bereitwilligkeit sich zu unterwerfen und zu leiden. Auch ein sehr hohes Desinteresse an Politik, nach dem Motto: „Was geht es mich an! Lass die nur machen! Es hat ja ohnehin keinen Sinn!" bietet eine gute Basis für Korruption. Aufgrund der vorhandenen Energien könnte dort ein Szenario ablaufen, was anders gestaltet ist, als das in einem anderen Kulturkreis. Dieser Einfluss kommt aus eurem kollektiven Bewusstsein, aus der Arbeit, die ihr selbst an euch geleistet habt und aus eurer Entwicklung!

Es ist also durchaus sinnvoll, dass ihr euch Gedanken darüber macht, wenn ihr gerade mal wieder beobachtet, da steht eigentlich eine Aussprache mit einer Person an, aber euer innerer Verteidiger rät euch mal wieder: „Drücke dich! Finde eine Notlösung! Sei nicht da und weiche dieser Aussprache aus!"

Meine Lieben, eure eigene Entwicklung und tagtäglichen Entscheidungen haben also nicht nur Einfluss auf euer persönliches Leben, sondern sie werden auch eingespeist ins kollektive Bewusstsein und beeinflussen damit die Wahl von Szenario eins, zwei und drei.

Wir sind stolz auf eure Entwicklungsschritte! Ihr macht das sehr gut! Auch das wollen wir euch sagen!

Alarmwolken, Vorahnungen
und Energiefelder

Frage:
Ich habe etwas sehr Merkwürdiges erlebt, wofür ich keine Erklärung finde!
In Müllheim gab es im letzten Jahr ein Zugunglück, bei dem ein Güterzug
entgleiste. Ich habe ca. eine Stunde vor dem Unfall meine Nachbarin zum
Bahnhof gefahren. Wir waren sehr früh dort und sie fragte mich, ob wir noch
einen Kaffee trinken gehen wollen? Normalerweise bin ich dafür offen. Aber in
diesem Moment hatte ich das Gefühl: Hau ab! Nichts wie weg hier! Es lag etwas
in der Luft, was mich vertrieben hat! Ich habe mich verabschiedet und erfuhr
später von dem stattgefundenen Zugunglück. Was war das, was ich da gespürt
habe? War es eine Vorahnung?

Konfuzius

Meine Liebe, erst einmal möchten wir dich beglückwünschen zu deiner
Wahrnehmung! Deine feinstofflichen Antennen sind intakt!

Was geschieht nun bei Unfällen, Überfällen oder auch Naturkatastrophen? Im feinstofflichen Bereich ist vor dem Geschehen bekannt, dass
sich an einer bestimmten Stelle etwas zusammenbraut. Über dem Ort des
Geschehens liegt so etwas wie eine „Alarmwolke" – sie ist für den feinstofflichen Bereich aber auch für eure inneren Antennen spürbar, sichtbar
und hörbar. Und für gewöhnlich reagieren als erstes die Tiere darauf. Sie
verschwinden und begeben sich an einen sicheren Ort.

Gut, lasst uns das genauer erklären! Nehmen wir Naturkatastrophen:
Bevor die Katastrophe auf irdischer Ebene ausbricht, ist dem etwas voraus-
gegangen: Die Bewohner des Ortes erzeugen eine Energiewelle der Unzufriedenheit oder des Leides – das betrifft ausschließlich Naturkatastrophen!
Die Erde wird dadurch abgeschirmt von kosmischer Energie und bricht
sich Bahn durch ein Naturereignis. Und dieses Ereignis kündigt sich im
Vorfeld an. Bei Erdbeben, Überschwemmungen und Vulkanausbrüchen ist
dieses Ereignis Tage zuvor bekannt. Das bedeutet, dass eure Seele nachts im

Traum darauf vorbereitet wird. Und ihr bestimmt auch inwieweit ihr von dem Geschehen betroffen seid. Es gibt Seelen, die nutzen die Chance, um die Ebenen zu wechseln und dabei zu sterben. Es gibt andere, die erhoffen sich daran zu erwachen und einen anderen Blickwinkel auf das Leben zu erhaschen. Und wieder andere fahren weg und erfahren erst im Nachhinein davon.

Ihr werdet also auf der Traumebene informiert an Ort X passiert Ereignis Y. Der feinstoffliche Bereich kann im begrenzten Rahmen Einfluss auf den Zeitpunkt nehmen. Im Falle einer drohenden Zugentgleisung könnte die Einflussnahme folgendermaßen aussehen: Der Schienenstrang hat einen klaren Defekt. Das Gleis wird im Rhythmus von ca. neun Minuten befahren. Auf der Strecke befinden sich ein Personenzug und zwei Güterzüge. Das Hauptaugenmerk des feinstofflichen Bereiches ist der Personenzug – er soll unbehelligt über die Schadstelle rollen. Der Zugführer wird über sein Hohes Selbst beeinflusst die Geschwindigkeit zu drosseln. Dann kommt der erste Güterzug, er trifft zeitgleich mit einem Personenzug, der aus der Gegenrichtung kommt und im Bahnhof hält, ein. Das bedeutet, am gegenüberliegenden Bahnsteig sind viele Menschen, die es gilt zu schützen. Auch er fährt langsam über die Schadstelle. Der Bahnhof leert sich wieder, er ist zwar nicht vollkommen leer – aber jetzt wäre ein guter Zeitpunkt. Der nächste Güterzug springt aus den Gleisen. Es entsteht Sachschaden.

Über dem Unfallort liegt eine Alarmwolke und diese wird schon vorher aus dem feinstofflichen Bereich erzeugt. Es sind viele geistige Helfer im Einsatz. Ihre Aufgabe ist es, Menschen aus diesem Umfeld zu vertreiben. Das ist das, was du gespürt hast! Und zum anderen werden die feinstofflichen Helfer Personen bei der Bewältigung der Katastrophe anleiten, um weiteren Schaden abzuwenden.

Frage:
Wie ist das eigentlich bei Bränden? In der heißen Jahreszeit verbrennen ja immer wieder große Flächen? Mir ist aufgefallen, dass ihr Feuer nicht aufgezählt habt!

Konfuzius
Nun, in den meisten Fällen sind bei Feuerkatastrophen Menschen verant-

wortlich. Es gibt einen kleinen Anteil Brandstiftungen von gierigen oder frustrierten Personen, die unbedingt noch einmal mit Karma konfrontiert werden möchten. Aber ein Großteil der Brände entsteht durch Unachtsamkeit: Wanderer werfen ihre leer getrunkenen Glasflaschen ins trockene Unterholz und dort wirken sie bei der richtigen Sonneneinstrahlung wie ein Brennglas. Der Busch entzündet sich – das Feuer greift um sich. Bis es dann wieder gelöscht ist vergehen Tage, Wochen und der energetische Aufwand ist sehr hoch, ganz zu schweigen von dem Schaden, den die Erde davonträgt. Und dann gibt es noch Feuer, die Folgeerscheinungen sind z.B.: von Explosionen, Erdbeben, Vulkanausbrüchen, Torfentzündungen usw.

Auch da gibt es eine Alarmwolke und das Eingreifen aus der geistigen Welt. Tiere verlassen für gewöhnlich das Gebiet, wenn die Alarmwolke frühzeitig da ist. Das ist bei Brandstiftung und Folgebränden der Fall, weil es auch im Geistigen früher bekannt ist. Bei Spontanhandlungen wie weggeworfenen Flaschen gibt es vorher keine Planung, und auch die Alarmwolke entsteht erst mit dem Ausbrechen des Brandes. Dadurch wird auch das Tierreich später gewarnt. Und diese Art der Brände macht immerhin 80% aus! Sie könnten bei mehr Achtsamkeit vermieden werden!

Frage:
Ihr habt gesagt, dass Brandstifter Karma auf sich ziehen. Ich würde gern wissen, wie das geschieht? Und zum anderen wie das in Bezug auf Karma bei den unachtsamen Menschen aussieht? Sie verursachen ja – wenn auch unabsichtlich – gewaltige Schäden!

Kuthumi
Nun, das ist bei beiden erst einmal gleich: Sie bekommen auf der Traumebene einen Spiegel ihrer Handlung vorgehalten und sehen die Folgen, die daraus entstanden sind. Bei den Unachtsamen meldet sich das Gewissen für gewöhnlich schnell. Sie sind meist sehr geschockt, wenn sie sehen, was sie angerichtet haben. Bei Brandstiftern läuft es etwas anders. Sie sind häufig verstockt und ihre fanatische Mentalität geht in Verteidigungshaltung. So nach dem Motto: „Die anderen sind selber schuld, und es geschieht ihnen recht!"

Während die Einen einen Ausgleich schaffen, indem sie sich beispiels-

weise bei der heimischen Feuerwehr verausgaben oder sich bei Landschafts-
sanierungen arrangieren, gehen die Anderen den Weg des Karmas. Das bedeutet für sie, dass sie sich selbst bestrafen in Form von Verlusten oder in
Extremfällen sogar den Tod im Feuer wählen.

Frage:
Ihr hattet vorhin etwas Interessantes erwähnt: Und zwar die Bevölkerung ei-
ner Gegend erzeugt ein Energiefeld des Leides und durch die Unzufriedenheit
kommt es erst zu Naturkatastrophen. Könnt ihr euch darüber etwas deutlicher
auslassen?

Kuthumi
Gut. Meine Lieben, ihr alle erzeugt über eure Gedanken ein Energiefeld um
euch herum und ihr tut euch vollautomatisch mit Menschen zusammen,
die ein artverwandtes Energiefeld besitzen. Mit denen tauscht ihr euch am
liebsten aus.

Darüber hinaus sucht ihr euch Wohngegenden, in denen dieses Energiefeld, welches ihr repräsentiert, zu Hause ist. An eurem Wohnort herrscht
also eine bestimmte Atmosphäre. Es könnte sein, dass euer Wohngebiet
eine familienfreundliche Ausstrahlung besitzt. Eine Gegend, die ausgestattet ist mit Gärten und in der Menschen wohnen, die die Natur genießen.

Wenn ihr euch aber in größeren Städten umschaut, da gibt es auch andere Wohngebiete: zum Beispiel Künstlerviertel, in denen Musiker üben und
Maler ihre Bilder ausstellen, wo eine quirlige Aura herrscht. Und vielleicht
kennt ihr auch Wohngegenden, die eine eher aggressive Aura verströmen.
Wenn ihr euch dahin verirrt, dann fühlt ihr euch unwohl. Ihr habt das
Gefühl, dass ihr diese Straße besser wieder verlasst. Ihr sucht euch also automatisch Plätze und Orte, die euch anziehen und an denen ihr euch wohl
fühlt!

Darüber hinaus gibt es noch ein Länderbewusstsein, welches erzeugt
wird von allen Bewohnern und deren vermischter Mentalität – daraus wiederum entsteht ein Energiefeld um die Erde.

In diesen großen Energiefeldern gibt es Anteile der Angst, der Liebe,
Unzufriedenheit, Lebensfreude, Geborgenheit und was immer ihr in euch
tragt und ausstrahlt. Angst und Unzufriedenheit sind häufig gepaart mit

Aggression, Gewaltbereitschaft und auch Kriminalität. Lebensfreude, Geborgenheit und Liebe erzeugen ein harmonisches, friedliches Umfeld. Es gibt also Felder der Unzufriedenheit und Not, in denen eine hohe Opfer- und Gewaltmentalität zu Hause ist. Und diese Energiefelder werden erzeugt aus den Gedanken und Ängsten der Anwohner und hängen dann wie eine Glocke über dem Ort.

Ihr erzeugt also mit euren Gedanken und eurer Lebensfreude zusammen mit euren Nachbarn eine Energieglocke. Und diese Glocke hat eine hohe oder eine niedrige Schwingung, sowie alle erdenklichen Abstufungen dazwischen.

Nun kommt die Ursonne und die Schwingungserhöhung auf den Plan! Diese Energie strömt aus dem Kosmos auf die Erde ein, um sie energetisch anzureichern und in einen höheren Daseinszustand zu versetzen. Überall dort, wo Menschen zusammenleben, die eine friedliche Gedankenglocke erzeugen, kann die Energie leicht hindurchfließen und wird auch bereitwillig von euch und der Erde aufgenommen. Der vorgesehene Wandel vollzieht sich in Harmonie!

Aber dort, wo die Energieglocke ein niedriges Schwingungsfeld hat, stößt die kosmische Energie auf Widerstand. Sie kann nicht so eindringen, wie es an friedlichen Orten der Fall ist! Weil diese kosmische Energie von den Bewohnern und ihren niederen Gedankenfeldern, Ängsten und Aggressionen wie ein Schirm immer wieder zurückgeworfen wird. Damit entsteht ein Ungleichgewicht beim Aufnehmen der Schwingungserhöhung auf der Erde. Die Erde behilft sich dann, indem sie die „anstrengenden Bewohner" mit ihren düsteren Gedanken durch Feuer, durch Überschwemmungen, durch Erdbeben und Wirbelstürme vertreibt. Damit zerstreut sich die schirmartige Glocke und die kosmische Energie kann endlich in die Erde einfließen.

Meine Lieben, was wir euch damit sagen möchten ist Folgendes: Eure Gedanken und euer innerer Frieden sind hochwirksame Werkzeuge! Ihr wirkt damit ein ins morphogenetische Feld eures Planeten!

Frage:
Das bedeutet also, dass es auf unserem Planeten Problemzonen gibt! Gegenden, in denen eine hohe Unzufriedenheit herrscht und damit eine niedrige Schwingung?

Kuthumi

Ja! Überall dort, wo viele Menschen zusammenleben, die mit ihrem Leben höchst unzufrieden sind, gibt es Widerstand gegen die einfließende Energie.

Frage:
Wenn man demnach in einer Umgebung lebt, die als „bessere Wohngegend" angesehen wird, ist man damit auch geschützt vor Naturkatastrophen?

Kuthumi

In gewisser Weise: Ja! Aber euer Planet steigt als Ganzes auf. Das bedeutet wiederum, ihr könnt euch nicht verschließen vor der Not anderer. Ihr seid damit aufgefordert, ein gleichberechtigtes Gesellschaftssystem aufzubauen! Und es gibt noch einen anderen Punkt, dem ihr Beachtung schenken dürft: euer Gewissen! Es gibt auch in der sogenannten „besseren Gesellschaft" Elemente, die nur ihren persönlichen Vorteil sehen und so etwas wie eine „Sklavenhalter-Mentalität" besitzen. Ihr Energiefeld erzeugt Gier und Herrschsucht. Es geht dabei um Herausheben, über dem Gewöhnlichen Stehen und um das Tragen von Masken. Auch diese Menschen haben Schwierigkeiten beim Aufnehmen der Schwingungserhöhung.

Frage:
Es heißt ja immer, wir steigen auf ins Paralleluniversum. Was bedeutet das direkt? Was habe ich darunter zu verstehen?

Kuthumi

Das Paralleluniversum ist eine Lichtebene, in der eine andere Bewusstheit und Lebensqualität herrschen. Ihr seid in der Vergangenheit im Dualen Universum gewesen und ihr hebt euch aus der massiven Dualität heraus. Das bedeutet, dass sich die Polarität in euch selbst vermindert und die Menschen androgyner aussehen und auch die Polarität – die Pole – auf eurem Planeten sich verändern.

Das bedeutet des Weiteren, dass ihr in ein Energiefeld kommt, was neutraler, ausgeglichener und harmonischer ist. Dieses Energiefeld hilft euch die gesellschaftlichen Veränderungen zu vollziehen, die nicht mehr im Einklang mit eurer seelischen Entwicklung stehen.

41

Fukushima

Konfuzius

Nun, meine Lieben, ihr fragt euch vielleicht, warum ein hochindustrialisiertes Land wie Japan gerade von so einer Katastrophe getroffen wurde und was es zu bedeuten hat für die Menschen vor Ort und die Welt.

Es gab dafür verschiedene Gründe. Einmal lag das ein wenig in der Mentalität des Volkes. Die japanische Bevölkerung war sehr angepasst. Es gab bis zu dem Unfall so gut wie keine Opposition gegen Atomkraft oder andere Missstände. Die Atomlobby war sehr mächtig – Korruption, Überheblichkeit und Leichtsinn zeichneten sie aus. Und über die Medien wurde bis zu dem Zwischenfall der Bevölkerung ein Bild vermittelt, was besagt: dass Atomwaffen schlecht sind aber Atomkraftwerke sauber, leistungsfähig und umweltfreundlich! Nun, die breite Masse der Bevölkerung hat es geglaubt!

Außerdem gab es zwischen den japanischen Atomkraftbetreibern einen gnadenlosen Wettbewerb. Wer produziert den meisten und billigsten Strom? Und gerade in der Anlage von Fukushima fand ein heftiges Experiment statt:

Normalerweise verbrennt ihr in Atomkraftwerken Uranbrennstäbe. In Fukushima haben die Betreiber festgestellt, dass eine andere Legierung noch effektiver ist und diese Brennstäbe noch mehr Leistung erbringen. Dabei wurde vollkommen außer Acht gelassen, dass dieser Abfall weitaus giftiger ist als das bisherige Plutonium. In Kürze hätten sie diese neue Technologie weltweit vermarktet.

Aus unserer Sicht ist der Tsunami rechtzeitig eingetroffen, um das zu verhindern!

Die Katastrophe selbst wurde lange Zeit von den Medien heruntergespielt, aber Tatsache ist: Es hat in drei Reaktoren eine Kernschmelze stattgefunden und das bedeutet, dass ein großer Teil der Insel Honshu für die nächste Zukunft nicht mehr bewohnbar ist. Die Schutzzone von 30 km ist zu gering, es wäre ratsam, dass in einem Umkreis von circa 100 Kilometern keine Menschen leben und auch keine landwirtschaftlichen Produkte angebaut würden. Das Grundwasser ist in einem noch weiteren Radius verseucht, dadurch dass Flüsse die Angewohnheit haben ihr Wasser vorwärts zu transportieren. Japan wird Trinkwasser, Gemüse, Obst und Fisch importieren müssen, und das ist eine gravierende Veränderung.

Meine Lieben, es werden auch viele Menschen die japanischen Inseln verlassen und sich irgendwo anders auf der Welt ansiedeln. Und das ist sinnvoll! Zumindest für die Menschen, die innerhalb dieser 100 Kilometer um Fukushima gelebt haben und ohnehin neu anfangen müssen.

Für die übrige Welt war es ein Spektakel, welches die Aufgabe hatte, euch wachzurütteln und die Risiken der Atomkraft deutlich vor Augen zu führen!

Für euch ist es wichtig, dass ihr daraus lernt! Kernenergie ist nicht kontrollierbar und solche Ereignisse könnten auch anderswo stattfinden!

Ihr betreibt jetzt seit ca. 50 Jahren Atomkraftwerke – sie sind die teuersten Kraftwerke in der Anschaffung überhaupt und ihr habt bis heute keine Lösung gefunden, was ihr mit dem Altmaterial – den ausgeglühten Brennstäben – tun sollt. Es ist nun einmal eine Tatsache, dass sie hunderte Jahre nachglühen und dabei im Umkreis von vielen Kilometern alles verstrahlen. Und was macht ihr mit diesem Abfall? Ihr werft ihn ins Meer oder lagert ihn unter der Erde oder plant, ihn auf den Mond zu schießen, was genauso leichtsinnig ist! Vielleicht überlegt ihr euch mal, welche Wirkung der Mond auf die Erde hat: Er erzeugt Ebbe und Flut, den Menstruationszyklus der Frauen und viele Dinge, die ihr noch nicht entdeckt habt. Manchmal hat es den Anschein, als seien eure Atomwissenschaftler und Entscheidungsträger über derartige Projekte Kindergartenkinder, die mit Handgranaten spielen! Und alle anderen schauen zu und schweigen über so viel Geldgier und Dummheit!

Es ist so: Auf die Zukunft bezogen gibt es irgendwann eine Möglichkeit, um Atombrennstäbe zu neutralisieren und energetisch aufzulösen. Aber diese Erfindung wird noch einige Zeit auf sich warten lassen und die Wahrscheinlichkeit ist groß, dass sie dann gemacht wird, wenn keine Atomkraftwerke mehr auf der Erde in Betrieb sind! Aber ihr könntet die noch vorhandenen Brennstäbe damit dann entsorgen, auch die Waffen. Es ist ein Gerät was Materie entmaterialisiert.

Meine Lieben, ihr benutzt heute sehr viel mehr Strom, als das beispielsweise vor 50 Jahren der Fall war. Damals wurden die Häuser so ausgestattet, dass ihr Licht in allen Räumen hattet und vielleicht auch zwei oder drei Lampen und dann noch eine Steckdose. Heute ist das absolut unzureichend. Mittlerweile verfügt ein durchschnittlicher Haushalt über ca. 20 Elektrogeräte, von denen die Hälfte angeschlossen ist und im Standby-Modus verharrt. Das alles kostet Energie, die produziert werden muss! Überprüft da euer persönliches Verhalten!

Es gibt verschiedene Methoden der Energiegewinnung. Und über 80% des weltweiten Energiebedarfes werden über Wind-, Wasser-, Kohle- und Sonnenenergie erzeugt. Der geringe Anteil der Kernenergie rechtfertigt in keiner Weise das Risiko, was ihr mit dieser Energie eingeht!

Frage:
Wird noch ein AKW-Unfall nötig sein um zu erkennen, dass Atomkraft schädlich für uns und unsere Erde ist?

Kuthumi

Gut, meine Liebe, die Realität ist momentan so, dass ihr aufgerüttelt wurdet durch den Atomunfall in Japan. Und die Bevölkerung der Welt hat unterschiedlich darauf reagiert. In Deutschland oder auch der Schweiz gab es kraftvolle Proteste und Aktivitäten zur Schließung von Kernkraftwerken. Die Deutschen haben ihre Regierung gezwungen eine Kehrtwende zu machen. Das war und ist sehr wichtig! In anderen Ländern war die Resonanz in der Bevölkerung nicht so groß und sie betrachten das dann eher so: Ach, Japan ist doch so weit weg, was geht es uns an? Es wird schon gut gehen!

Gut, von dem her könnte es sein, dass es noch zu weiteren Störfällen kommt.

Einwurf:
Auch in Europa?

Kuthumi

Es wird dort keine Störfälle geben, wo die Bevölkerung sagt: „Halt! Stopp! Das wollen wir nicht." Damit wird ein Energiefeld erzeugt, was wie ein Schutzschild wirkt. Die Sicherheitsstandards, die ihr für Atomkraftwerke habt, sind weltweit unterschiedlich. Aber sie sind nirgendwo so schlecht wie in Japan gewesen! Dort gab es gekaufte Zertifikate, die nicht das Papier wert waren, auf dem sie geschrieben standen! Aber die Atommafia in Japan ist Geschichte! Und dieser Wandel hat sich in einem Jahr vollzogen! Und wer hat ihn herbeigeführt? Die Bevölkerung!

Gut meine Lieben, wir möchten Folgendes sagen: Japan hat sich bereit erklärt für diesen Unfall, weil bei ihnen der Leichtsinn am größten war! Es hat den Anschein, dass die Japaner jetzt zum zweiten Mal Opfer sind, da ja auch die Atombomben an ihnen getestet wurden. Aber es gibt auch noch eine andere Seite der Medaille: Sie haben auch so etwas wie einen Auftrag aus der geistigen Welt, dass sie der Erde Wissen zur Verfügung stellen, was sie in den nächsten Jahren entwickeln werden und dabei geht es um die umweltmäßige Aufarbeitung von Strahlen-Katastrophen.

Frage:
Seht ihr in eurer Voraussicht eine Bereinigung dieser nuklearen Strahlung?

Kuthumi
Ja.

Frage:
In absehbarer Zukunft?

Kuthumi
Ja. Und die Wahrscheinlichkeit ist groß, dass diese Lösung in Japan gefunden wird.

Kommentar:
Auch in Japan? Also es ist eine Prüfung an das japanische Volk, sozusagen das Nichtachten der Natur selbst wieder gut zu machen?

Kuthumi
Ja. Die Wahrscheinlichkeit ist sehr groß, dass der Japaner Emoto, der schon länger auf dem Gebiet der Wasserbeschallung arbeitet, mit anderen Wissenschaftlern zusammen etwas entwickelt, was radioaktive Strahlung

in der Zukunft neutralisieren kann.

Frage:
Oh, wie gigantisch. Ich krieg gerade Gänsehaut. Das heißt, aus dieser Wunde heraus wird etwas Gutes für die Menschheit geboren?

Kuthumi
So läuft das für gewöhnlich!

Die Wahrheit über Flüche

Frage:
Ich habe mich heilen lassen und der Heiler hat gemeint, er würde jetzt von acht Generationen die Flüche von mir und meinen Ahnen nehmen. Für mich ist es schwierig in diesem feinstofflichen Bereich etwas zu spüren. Aber mich würde interessieren, ob ihr da etwas wahrnehmen könnt? Stimmt es, dass da eine Last von mir genommen wurde?

Konfuzius
Meine Liebe, wenn es für dich nicht spürbar ist, dann würden wir sagen: Es hat nicht viel gebracht. Was hast du gespürt?

Antwort:
Das ist schwierig festzustellen. Ich kann da eigentlich nicht viel wahrnehmen. Es ist nichts leichter geworden dadurch.

Konfuzius
Gut meine Liebe, eine Heilung oder Reinigung ist für dein System meist positiv, auch wenn die Darstellung, dass es sich dabei um eine Befreiung von Flüchen über mehrere Generationen handelt, nicht ganz haltbar ist! Es ist abhängig von der geistigen Entwicklung der betroffenen Personen und deshalb würden wir dir gern erklären wie Flüche wirken.

Konstruieren wir ein Beispiel:
Du bist in einer früheren Inkarnation und hast den Glaubenssatz, dass dich andere ablehnen und verfolgen. Der Glaubenssatz gründet auf einer Karma-Erfahrung, in der du Verfolgung erlebt hast! Dadurch erzeugt sich in deinem Inneren ein bestimmtes Energiefeld: Dir fällt es schwer Freundschaften zu schließen, du fühlst dich schnell ausgeschlossen, verlacht, missachtet und von nichtfassbaren Energien verfolgt. Natürlich erzeugst du dieses Energiefeld der Ablehnung in dir selbst! Du bist also mit deinem eigenen Leben, was Freundschaften angeht, eher unglücklich und trägst Wut und

Argwohn in dir. In der Nachbarschaft bist du als schrullig verschrien, weil du sehr zurückgezogen lebst. Bei nächster Gelegenheit erlebst du, wie jemand einen Witz über dich reißt. Deine Nachbarn stehen zusammen und lachen. Und daraufhin sagst du etwas Verächtliches zu dem Witzbold, z.B.: „Du wirst nie wieder glücklich sein! Und deine Kinder werden bis ins fünfte Glied vom Unglück verfolgt werden! Sie werden krank und niemals mehr lachen!" Du verspritzt also dein Gift und beschimpfst diesen Menschen, der da so leichtsinnig seinen Humor eingesetzt hat.

Nun gibt es zwei Möglichkeiten: Dieser Nachbar fühlt sich schuldig und hat außerdem den Glauben, dass du über ungewöhnliche magische Fähigkeiten verfügst, die diesen Fluch Realität werden lassen. Er nimmt dann deine Hassenergie auf sich und glaubt vielleicht, dass seine Geschäfte misslingen könnten. Er bezieht es deshalb auf seine Geschäfte, weil er ein Schlitzohr ist und gelegentlich jemanden übervorteilt. Da sitzt das schlechte Gewissen! Er wird vielleicht denken: „Von jetzt an geht es geschäftlich bergab! Die Hexe hat mich verflucht!"

Er hat von nun an eine Brille auf, die auf Verluste fokussiert ist.

Was hier wirkt, ist nicht dein Fluch sondern sein schlechtes Gewissen und sein Glaube an Verluste!

Die zweite Möglichkeit ist: Er fühlt sich nicht schuldig, schüttet sich aus vor Lachen und zeigt keinerlei Bereitschaft in deine Wut und Menschenverachtung einzusteigen. In diesem Falle fällt die Energie auf dich zurück! Der Fluch trifft dich selbst!

Und das funktioniert so: Dieser lachende Nachbar wird dir im Gedächtnis bleiben. Das Bild, wie er sich biegt vor Lachen, bleibt in dir haften! Du hast in diesem Moment ein Gefühl der Unterlegenheit und der Bloßstellung und trachtest danach ihm künftig aus dem Weg zu gehen. Du springst also nicht mehr leichten Fußes bei Tageslicht auf die Straße, sondern schleichst dich in der Dunkelheit hinaus – immer darauf bedacht einer erneuten Konfrontation zu entgehen! Was also auch bei dir wirkt, ist die bekannte Verletzung: der Verfolgungswahn wird stärker!

Und wenn du dann nach diesem Leben im jenseitigen Bereich bist und deinen Lebensfilm anschaust, wirst du spätestens hier erkennen, dass dieser Aspekt des Fluchens dir keine Lorbeeren beschert hat. Du wirst dann diese verfluchte Person aufsuchen und mit ihr besprechen, welche Emotion dich bewogen hat diesen Fluch auszusprechen. Damit wird die Sache bereinigt!

Außerdem ist es nicht möglich Familien über mehrere Generationen zu verfluchen. Denn jeder Einzelne, der in dieser „verfluchten Familie" geboren wird, kann wählen: Nehme ich es an oder nicht? Jeder hat einen freien Willen! Und wer sich davon nicht betroffen fühlt, der entgeht dieser Energie.

Gut, hier wieder ein Beispiel: Du wirst in eine Familie geboren, in welcher der Glaube / Fluch besteht, dass sie immer nur Töchter gebären! (amüsiert) Also eine wirklich schlimme Heimsuchung! Vielleicht erzählt dir im Kindesalter deine Großmutter von diesem Makel. Und nun kommt es auf dich an: Beeindruckt dich diese Information? Hältst du sie für eine unumstößliche Wahrheit? Oder denkst du: „Ich bin anders und davon nicht betroffen!"

Die Wirkungsweise von Flüchen in eurer Zeit wird auf der irdischen Ebene sehr viel höher bewertet, als sie in Wirklichkeit ist. Normalerweise setzt sich das nicht in mehreren Leben fort! Im Mittelalter wart ihr durch den Aberglauben eher bereit, zwielichtigen Personen magische Fähigkeiten zuzutrauen. Das Auftreten einer Person und die Zurschaustellung von Macht haben darüber entschieden, ob ihr euch unterlegen fühltet oder nicht. Und dieser Umstand hat euch glauben lassen, ein anderer besäße die Fähigkeit euch euer Leben zu vergällen! Diese Überzeugung ist eine Grundvoraussetzung für das Wirken von Flüchen!

Was ihr oft mit Flüchen verwechselt ist die Selbstauferlegung von Schranken:

Angenommen, du bist in einer Inkarnation richtig geschäftstüchtig gewesen, hast ordentlich expandiert und deine Konkurrenz ausgeschaltet. Du warst kalt und hartherzig. Für dich waren nur noch Zahlen wichtig. Du warst viel unterwegs und hattest keine Zeit mehr für deine Familie, Freunde oder private Vergnügungen. Deine Freunde wendeten sich ab. Deine Familie verließ dich. Und du starbst einsam, ruiniert und trunksüchtig.

Es könnte vorkommen, dass du dir nach diesem Leben vornimmst: Ich möchte nie wieder Geschäftsmann sein! Ich möchte nie wieder so viel Geld haben und Neid erregen! Du glaubst, das ist der Grund für dein Elend!

Und wenn du dann einige Inkarnationen später wieder ein Geschäft eröffnen möchtest, dann verfolgen dich die alten Ängste. In deinem Zellbewusstsein sind die früheren Erfahrungen abgespeichert und sie erzeugen in dir jetzt Abneigungen und Vorlieben. Das könnte sich so äußern: Du fürchtest, von der Konkurrenz zermalmt zu werden, weil du es früher selbst getan hast. Vielleicht hast du Bedenken, deine Familie könnte zu kurz kommen und dich verlassen. Diese Ängste und Befürchtungen hängen sehr spezifisch mit früheren Erfahrungen zusammen.

Alle „Katastrophen-Szenarien", die du dir ausmalst, beruhen auf persönlichen Erlebnissen deiner Vergangenheit!

Es kostet dich also Überwindung noch einmal ein Geschäft zu eröffnen. Du liegst vielleicht nachts wach und brütest darüber, was alles schief gehen könnte. Und dabei schöpfst du aus deinen eigenen gemachten Erfahrungen. Alle Bedenken nähren sich aus deiner Vergangenheit. In der Gegenwart fühlst du dich blockiert und schiebst den Starttermin für dein Unternehmen immer wieder hinaus!

Aber es gibt noch einen anderen Anreiz in dir: Und der flüstert: „Das nächste Mal will ich es besser machen! Ich verfüge bereits über Erfahrungen und werde alte Fehler nicht wiederholen!"

Das ist deine Seele! Sie weiß, dass du auf diesem Gebiet noch etwas zu lernen hast! Sie möchte dich die Erfahrung machen lassen, dass Familie, Wohlstand, Geschäft und Freizeit keine unvereinbare Utopie ist! Und damit in dir Heilung geschehen lassen!

Frage:
Es gibt doch aber auch Leute, die das Potenzial von Magiern haben. Vielleicht wirken deren Flüche eher?

Konfuzius
Gibt es die wirklich? Oder verstehen sie sich nur besser in Szene zu setzen und sich mit einer Aura der Macht zu umgeben, die dich dann glauben lässt, sie verfügten über derartige Möglichkeiten?

Jedes Kind, was geboren wird, bringt aufgrund der Reinkarnation ein eigenes Erfahrungspotenzial mit und die irdischen Entwicklungsmöglichkeiten stehen in eurer Zeit allen offen. Es ist vor allen Dingen das Seelenalter der Teenager-Seele, welches damit kokettiert sich in einer Aura der Macht zu präsentieren. Wenn ihr aber über dieses Seelenalter hinausgewachsen seid, dann könnt ihr über dieses Gebaren lächeln. Es ist in Ordnung! Ihr habt es selbst einmal getan! Aber es dürfte euch dann nicht mehr beeindrucken!

Bemerkung:
Vielleicht hast du Recht!

Das menschliche Bewusstsein

Kuthumi

Wir würden euch gern etwas über euer Bewusstsein in verschiedenen menschlichen Altersstufen erzählen: Meine Lieben, irgendwann einmal seid ihr geboren worden und dabei auf der irdischen Ebene gelandet. Ihr wart damals ein Baby, ein kleiner Junge oder ein kleines Mädchen.

In dieser ersten Phase seid ihr noch sehr verbunden mit dem feinstofflichen Bereich. Ihr spürt die Anwesenheit eures göttlichen Hohen Selbstes. Ihr seid in einer Energie des Friedens und voller rundum positiver Erwartungen. Eure Chakren sind weit geöffnet. Und ihr verweilt in einer Art Buddha-Energie, aus der ihr nur herausfallt, wenn eins eurer körperlichen Bedürfnisse nicht erfüllt wird.

Manchmal könnt ihr das bei Babybildern noch wahrnehmen. Ihr habt diese Phase, in der ihr mit dem feinstofflichen Bereich noch einige Jahre verbunden seid, dann geht allmählich diese Öffnung zurück. Sie wird schmaler. Ihr werdet mehr entlassen in das irdische Leben und dabei kann ein Kind durch eine schmerzhafte Verlustphase gehen. Möglicherweise wacht ihr dann plötzlich in der Nacht auf und weint, aber ihr könnt nicht sagen warum das so ist. Was ihr dabei fühlt ist, dass sich dieser Zugang in die geistige Welt verschließt. Es ist mit einem Schmerz verbunden, mit einem Loslassen oder auch dem Gefühl verstoßen zu werden. Aber für eure Entwicklung ist es wichtig, dass es geschieht, damit ihr euch mehr auf das Irdische konzentriert. Für gewöhnlich umsorgen euch dann eure Eltern. Ihr werdet nachts wach und weint, dann kommt die Mutter oder der Vater und tröstet euch. Ihr fühlt euch dann wieder geborgen, habt aber trotzdem häufig ein Verlustgefühl, welches ihr nicht näher erklären könnt.

Es ist wichtig, dass dieser Prozess vonstattengeht, denn dann konzentriert ihr euch mehr auf die irdische Ebene. Im Alter von circa 6 Jahren kommt ihr meist in die Schule und für gewöhnlich hat diese Abnabelung zuvor stattgefunden. In der Kindheit seid ihr verspielt, habt einen Bezug zur Phantasiewelt, aber durch die Schule werdet ihr mehr mit eurem Verstand konfrontiert. Ihr müsst eine Menge Dinge lernen und vieles von dem, was euch eingepaukt wird, ist für euer Leben ohne Bedeutung.

Durch die Intensität des Lernens trefft ihr in eurem Kopf Wahlentscheidungen. Ihr unterteilt das Unterrichtsmaterial in wichtig – muss ich lernen oder unwichtig – kann ich schon oder gar: „Diesen Blödsinn verweigere ich!" Ihr schenkt also nicht allem Stoff dieselbe Aufmerksamkeit. Und mit dieser Auswahl erschafft ihr in eurem Verstand so etwas wie Schubladen.

Das bedeutet, dass ihr alles um euch herum durchsiebt in wichtig und unwichtig und wertvoll und Blödsinn! Alle Geräusche, Gefühle, Gerüche und Bilder werden von eurem Unterbewusstsein durchfiltert. Nehmen wir dafür ein Beispiel:

Angenommen, ihr zieht in eine neue Wohnung und diese befindet sich in einer Stadt ziemlich nahe des Zentrums. Vor der Haustür gibt es eine Kreuzung, eine Kirche ist gegenüber. Die Uhr der Kirche schlägt die Stunden an. Vor der Haustür verlaufen die Straßenbahnschienen.

Zu Anfang, wenn ihr neu in der Wohnung seid, da hört ihr dieses Straßenbahn-Monster mit viel Krawall angefahren kommen und um die Kurve quietschen. Ihr hört den Verkehrslärm ganz deutlich. Außerdem gibt es diagonal zu dieser Kreuzung einen Nachtclub mit einer Leuchtreklame und sobald es dunkel wird, beginnt da unten ein quirliges Feuerwerk.

Nun ist es so, alles, womit ihr ständig und immer wieder bombardiert werdet, das wird irgendwann von euren unbewussten Filtern ausgeblendet. Ihr hört dann nicht mehr die Kirchenglocke, ihr hört nicht mehr die Straßenbahn und auch die Leuchtreklame tangiert euch nicht mehr. Wenn ihr von einer Reizung permanent überflutet werdet, dann tritt diese in den Hintergrund und euer Unterbewusstsein verbucht sie als unwichtig! Das geht soweit, dass ihr die alltägliche Geräuschkulisse total ausblenden könnt und nur noch aufmerkt, wenn etwas Außergewöhnliches geschieht. Dann meldet euer Unterbewusstsein: „Achtung, ein neues Geräusch! Feststellen, was es bedeutet!"

Diese Filter sind wertvoll, denn wenn ihr für alle Eindrücke eurer Welt offen wäret, hätte das negative Auswirkungen auf eure Nerven. Sie würden permanent überflutet, was sich in Nervosität und innerer Unruhe äußern würde. Es gibt also Automatikfilter, die aus eurem Unterbewusstsein gesteuert werden (die Straßenbahn) und es gibt Verstandesfilter (Schule), die ihr aufgrund eurer Überzeugungen erschafft!

Und es ist für euer Vorwärtskommen im Leben wichtig, dass ihr in der Lage seid eine persönliche Auswahl zu treffen, was jetzt wichtig ist! Wer sich damit schwer tut, verzettelt sich häufig in allen erdenklichen Möglichkeiten, setzt aber keine in die Tat um.

Sind eure Verstandes-Filter zu stark am Ausgrenzen und Bewerten – ist der „Blödsinn-Hefter" zu schnell zur Hand – dann schmälert sich euer geistiges Potential und das hat die Auswirkung, dass ihr zu „Fachidioten" werdet. Es gibt einen bestimmten Bereich, in dem ihr allwissend und unschlagbar seid, aber ihr habt Schwierigkeiten euch auf eine alltägliche Konversation einzulassen. Das kann sich so zuspitzen, dass ihr euch nur noch mit Menschen, die auf dem gleichen Gebiet arbeiten, unterhalten könnt. Ihr habt dann eine Fixierung und der Rest der Welt hüllt sich in Nebel. Und auch das tut eurem Geist nicht unbedingt wohl!

Diese Unflexibilität führt dazu, dass ihr zunehmend in ausgetretenen Bahnen denkt. Eure geistigen Synapsen schalten bestimmte Leitungen frei, die fortlaufend benutzt werden – das ist wie ein Flussbett, bei dem die zufließenden Bäche austrocknen. Die Folge davon ist, dass ihr unfähig werdet, euer Leben noch zu verändern. Ihr seid nicht unbedingt glücklich mit den Umständen, die ihr euch erschaffen habt, aber um so länger ihr dieser Einheitsschiene schon gefolgt seid, desto schwieriger ist die Ablösung und Veränderung eures Lebens.

Ihr habt in eurer Zeit viele neue Krankheiten, die den Geist betreffen – aus unserer Sicht wäre es vorteilhaft, wenn ihr schon früh lernen würdet euch selbst zu beobachten!

Falls ihr euch in so einer Situation der Unflexibilität befindet, gibt es irgendetwas in eurem Leben, was zuviel Zeit und Aufmerksamkeit bekommt! Vielleicht seid ihr überarbeitet? Vielleicht seid ihr aus Langeweile spielsüchtig? Oder ihr flüchtet euch in Alkohol, Drogen und Tablettensucht?

Wenn ihr überarbeitet seid, würde es eurem Geist gut tun, wenn ihr lernen würdet auf Pausen zu achten! Pausen – in denen ihr etwas vollkommen anderes tut und abschalten könnt: Vielleicht der Besuch eines Thermalbades mit anschließender Massage, einem gutem Essen oder der Einkauf mit der Familie. So eine kleine Auszeit sollte unbedingt drei Stunden dauern und danach könnt ihr ausgeglichen und zufrieden mit eurer fachspezifischen Arbeit fortfahren.

Gehört ihr zu denen, die ihre Langeweile mit sinnlosen sich ständig wiederholenden Aktivitäten totschlagen, über welche ihr euch teilweise auch ärgert? Dann fehlt euch eine Herausforderung! Euer Geist lechzt danach neue Gebiete zu erobern! Vielleicht habt ihr eine Geschäftsidee, die ihr zwar gerne umsetzen würdet, von der ihr aber glaubt, sie sei ohnehin eine Nummer zu groß.

Um von der Sucht wegzukommen, solltet ihr diese Idee mit allen nötigen Informationen so durchspielen, als wolltet ihr sie realisieren! Das ist der Weg, der euch letztendlich zu der Idee führt, die euer Leben verändert!

Ist euer Problem die Betäubung durch Alkohol, Tabletten oder Drogen, dann solltet ihr an eurer Opfer- oder Kämpfermentalität arbeiten.

Frage:
Ich habe eine Frage zu dem „Blödsinn-Hefter“: Ich weiß, dass ich den auch habe! Wie wirkt sich das in meinem Leben aus?

Kuthumi
Du hast die Eigenschaft entwickelt erst einmal alles Neue abzuwehren! Das geschieht so: Jemand unterbreitet dir einen Vorschlag, was du tun könntest. Sofort rattert dein Verstand los: „Dafür habe ich keine Zeit! Und wer weiß, ob es wirklich etwas taugt! Ich bleibe lieber bei dem, was ich kenne!“ Das sind deine Überlegungen, die du nicht aussprichst. Laut sagst du vielleicht: „Wenn ich mal viel Zeit habe …!“
Dein Abwehr-Argument ist in diesem Falle: Zeitknappheit!

Eine andere Person ist vielleicht anders gestrickt: Sie wehrt ebenfalls ab und hat einen großen Blödsinn-Hefter. Folgende Situation: Die Ehefrau geht zum Meditationsabend und fragt ihren Gatten: „Hast du nicht Lust mal mitzugehen?“ Sein Verstand meldet: „Na, das fehlte noch! Soll ich sterben vor Langeweile? Da ist doch der Fernseher unterhaltsamer!“ Da er es sich aber mit seiner Frau nicht verscherzen möchte, antwortet er: „Vielleicht ein andermal! Heute will ich diesen Film sehen!“ Gedanklich läuft in ihm noch Folgendes ab: „Dass sie jede Woche dorthin rennen muss! Ich frage mich bloß, was sie dort treiben? Ich muss mal darauf achten, wie viel Geld sie dort ausgibt. Am Ende finanziere ich eine Sekte, die ihr eine Gehirnwäsche verpasst."

Sein Abwehr-Argument heißt: Argwohn und Angst vor Gefahr!

Sobald Angst im Spiel ist, gibt es in der Person, die die Angst hat, eine vergangene Erfahrung, welche genau auf seine Bedenken passt! Er hat in einem früheren Leben eine Sekte gekannt, die geldgierig war und den Mitgliedern sehr verzerrte Wahrheiten verkauft hat!

Das, was du anderen unterstellst, sind deine eigenen Erlebnisse in einer anderen Zeit! Und jeder Mensch hat eigene Abwehr-Argumente! Diese beiden Beispiele decken nicht die Palette der Möglichkeiten!

Wenn du also an dir arbeiten möchtest, dann beobachte mit wachem Bewusstsein deine Abwehr-Argumente! Werde dir klar, welches Thema dahinter steht!

Frage:
Ich habe eine Frage zu den Filtern, mit denen man ausblendet. Ich habe mal in einem Film gesehen, dass die Ureinwohner von Amerika die Schiffe von Kolumbus nicht sehen konnten, weil sie noch nie zuvor ein Schiff zu Gesicht bekommen hatten. Und aus diesem Grund haben sie sie ausgeblendet und die Gefahr nicht erkannt!

Kuthumi
Haben wir das richtig verstanden: Die Ureinwohner sollen die Schiffe nicht gesehen haben?

Antwort:
Ja, sie hatten selbst nur Boote und deshalb konnten sie die Schiffe nicht sehen. Sie kannten das Wort „Schiff" nicht und deshalb haben sie es ausgefiltert.

Kuthumi
Nun, so funktioniert der menschliche Geist allerdings nicht! Wenn ihr für irgendetwas das Wort nicht kennt, wird es deshalb noch lange nicht unsichtbar oder ausgefiltert. Im Gegenteil! Alles, was unbekannt ist, starrt ihr mit weit aufgerissenen Augen an! Ihr mögt zwar keine Bezeichnung dafür

haben, aber es ist eine Sensation! Ein Gegenstand, der euch in Aufregung versetzt und den ihr nicht einordnen könnt! Er wird euch animieren andere darauf aufmerksam zu machen, um zu überprüfen, ob sie es auch sehen oder ihr werdet Alarm schlagen. Jedenfalls ausblenden werdet ihr das Schiff bestimmt nicht!

Es sind eher die alltäglichen Gegenstände und die Geräusche, die ihr ausfiltert! Aber das Schiff von Kolumbus war für die Ureinwohner nicht alltäglich! Im Gegenteil: Sie sind sogar auf der Traumebene auf dieses Großereignis vorbereitet wurden!

Der Schritt von der Reifen zur Alten Seele

Kuthumi

Jeder von euch hat bereits an sich gearbeitet. Ihr alle wisst um Muster, die in euch angelegt sind, Prägungen und vieles mehr. Diese Aufarbeitung eurer Vergangenheit ist eine lobenswerte Tätigkeit und fördert eure Bewusstheit und Entwicklung.

Meine Lieben, in der Entwicklungsstufe der reifen Seele erkundet ihr euer Inneres. Ihr hinterfragt alles und möchtet begreifen, warum ihr irgendwelche Muster und Prägungen habt und wo sie herkommen. Ihr lernt dabei verstehen, wie es möglich ist, dass in eurem Zellbewusstsein alte Ängste vorhanden sind und wie ihr sie letztendlich auflösen könnt. Es ist ein wichtiger Schritt! Aber manchmal beobachten wir, dass ihr euch in dieser Phase der Aufarbeitung verliert. Ihr spürt eigentlich, dass es da in euch nichts gibt, was jetzt dringend bearbeitet werden müsste, aber eure Lebensumstände gemahnen euch, dass ihr noch nicht dort seid, wo ihr hin möchtet! Vielleicht habt ihr das Ziel mit anderen Menschen therapeutisch zu arbeiten oder ihr arbeitet mit Heilenergie, aber genau das ist in eurem Leben zum gegenwärtigen Zeitpunkt noch nicht Realität. Und ihr fragt euch möglicherweise, welche Blockade behindert mich noch? Was habe ich noch nicht entdeckt, was hält mich in der alten Energie, was muss ich noch auflösen?

Und vielleicht trefft ihr auf diesem spirituellen Marktplatz Menschen, die Hinweise für euch haben. Vielleicht kommt da jemand daher und sagt: „Ja, ich sehe da hinten deine Großmutter in deiner Aura! Und wenn du zu mir kommst, kann ich dich davon befreien und du wirst sehen, danach geht es vorwärts!" Oder es kommt jemand anderes, der euch erzählt, da gibt es eine alte Blockade aus Atlantis, damals hättest du deine Kräfte missbraucht. Der Nächste sagt dir, das ist der Einfluss des Planeten Sirius, der dich blockiert, aber im nächsten Jahr lässt die Wirkung nach und du kannst aufatmen.

Meine Lieben, ihr alle verfügt über einen Verstand und wenn ihr neu auf spirituellem Gebiet seid, dann wisst ihr manchmal nicht so genau, ob der Planet Sirius wirklich die Macht besitzt euch zu blockieren. Ihr sagt euch vielleicht: „Es erscheint mir merkwürdig, aber ich sollte es aus Sicherheits-gründen auflösen!"

Dann löst ihr es auf. Ihr spürt vielleicht eine Erleichterung, irgendetwas ist anders, ist weg. Aber euer Ziel ist immer noch nicht erreicht! Und die Unzufriedenheit schleicht sich durch die Hintertür wieder rein!

Wir wollen damit keineswegs sagen, dass derartige Aussagen von spiritu-ellen Lehrern nicht wertvoll sind! Trifft eine solche Aussage ins Schwarze, dann habt ihr für gewöhnlich eine Resonanz, die sich anfühlt wie: „Ja! Ja! Ja! Ganz genau das fühle ich!"

Meine Lieben, irgendwann steht der Schritt von der Reifen zur Alten Seele an! Und die Alte Seele stellt sich hin und sagt: „Ich bin Schöpfer. Ich bin es leid im Unkraut der Vergangenheit zu wühlen! Ab sofort konzentrie-re ich mich auf meine bereits vorhandene Vollkommenheit! Ich nehme diese göttliche Kraft in mir mit voller Bewusstheit an! Und ich werde ab sofort auf dem Thron meiner eigenen Macht Platz nehmen! Ich bin nicht mehr bereit meine Zeit zu verzetteln und jedem anderen zu dienen, aber nicht mir selbst!" Die Alte Seele überlegt: „Was ist mein Ziel? Was würde ich am allerliebsten mit Unterstützung der geistigen Welt auf diesem Planeten realisieren? Würde ich gerne mit Menschen arbeiten? Würde ich gerne ein Buch schreiben? Mich selbstständig machen? Etwas erfinden? Oder durch die Welt reisen?"

Meine Lieben, in dem Moment, in dem ihr erklärt – ich bin bereit – und mein Ziel ist es A, B und C zu tun! Und ich erbitte die Unterstützung der geistigen Welt bei der Umsetzung! In diesem Moment erschafft ihr in euch das Energiefeld der Alten Seele! Die Alte Seele wird das Ziel anvisieren, was ihr die größte Freude bereitet und sie arbeitet mit Leidenschaft und Begeisterung daran. Sie ist sich ihrer eigenen inneren Stimmen bewusst und diszipliniert ihre Gedanken und sie übernimmt damit die Verantwortung in ihrem Kopf und in ihrem Leben!

Das wiederum bedeutet nicht, dass sie niemals mehr zurück schaut und ein Muster erkundet. Das kann schon vorkommen! Aber die Wühlleiden-schaft, die Verbissenheit und die Verzweiflung des Suchens der reifen Seele sind weg. Sie schaut, woher kommt das, hat einen Aha-Effekt und amüsiert sich möglicherweise darüber, was alles in ihr an vergangenen Erfahrungen zu finden ist. Aber da sie ihr eigenes Leben in die Hand genommen hat und verwirklicht, wird sie nur kurz in der Vergangenheit verweilen, weil die Gegenwart viel spannender ist!

Meine Lieben, ihr alle befindet euch in einem intensiven Entwicklungsprozess. Und manch einer von euch geht in diesem Leben den Schritt von der Reifen zur Alten Seele!

Frage:
Könnt ihr mir vielleicht sagen, was mein Ziel ist in diesem Leben?

Kuthumi

Das ist nicht unsere Aufgabe! Du hast einen freien Willen! Überlege dir selbst, was du möchtest! Wo empfindest du die größte Begeisterung? Wenn du alles tun dürftest, was würde dir den meisten Spaß bereiten?

Antwort:
Urlaub machen, Reisen, mir die Welt anschauen – das wäre schön!

Kuthumi

Nun, zuweilen kann es hilfreich sein, dass du deinen Alltag hinter dir lässt und dabei den Abstand entwickelst, um zu erkennen, was du wirklich willst!

Frage:
Du meinst also, Reisen sei nicht mein Endziel?

Kuthumi

Es könnte dein Endziel sein, wenn du unterwegs deinen Lebensunterhalt verdienst und dieses Leben genau deinen Träumen entspräche! Aber wir glaubten herauszuhören, dass es für dich an erster Stelle eine willkommene Unterbrechung deines Alltages wäre? So ein Urlaub wird dich eine gewisse Zeit begeistern, aber was kommt danach? Kehrst du zurück in dein derzeitiges Leben?

Antwort:
Wenn ich Geld hätte, würde ich gerne Heilpraktiker werden!

Kuthumi

Wie sieht das Ziel danach aus? Kannst du dich sehen bei der Arbeit mit Menschen, die zu dir kommen? Ist es dir ein Bedürfnis ihnen zu helfen? Kannst du die Begeisterung an dieser Arbeit spüren? Dann ist der Heilpraktiker vielleicht eine wichtige Station auf dem Weg zu deinem Ziel! Aber es ist niemals das Endziel! Begeistert dich also die Arbeit danach?

Antwort:
Nein, nicht wirklich! Es ist nur eine Idee! Aber ich weiß nicht wirklich, was ich tun soll! Deshalb hatte ich ja gehofft, dass ihr es mir sagen könnt!

Kuthumi

Du hast einen freien Willen und es ist uns nicht erlaubt, irgend jemandem eine Aufgabe zuzuweisen! Wanderst du gern?

Antwort:
Ja, eigentlich schon!

Kuthumi

Wie wäre es, wenn du dieses Jahr allein einen dreiwöchigen Urlaub machen würdest? Du könntest irgendwohin fahren und jeden Tag ausgedehnte Wanderungen unternehmen. Bitte dein göttliches Hohes Selbst und deine Seelenfamilie, dass sie dir Hinweise geben, was dein Lebensglück verstärken könnte! In der Stille der Natur und der Konfrontation mit dir selbst kommst du der Wahrnehmung deines Zieles auf jeden Fall näher.

Antwort:
Das hört sich gut an! Danke!

Euer Erwachen zum Schöpfergott

Kuthumi

Meine Lieben, ganz am Anfang als ihr in dieser Inkarnation noch überwiegend unbewusst wart, gab es bei vielen eine Phase des Erwachens. Möglicherweise wurde die eingeleitet durch ein leidvolles Erlebnis, was euch aus der üblichen Spur geworfen hat.

Aber genau dieses Erlebnis und der damit entstandene Druck, haben in euch Entwicklung hervorgebracht. Ihr erschließt euch dadurch neue Gebiete und einen anderen Blick auf das Leben. Vielleicht interessiert ihr euch plötzlich für den jenseitigen Bereich, lest spirituelle Literatur, seid offen für geistige Themen oder wissbegierig, wie eure Problematiken zu lösen sind.

Ganz am Anfang, wenn ihr euch für den feinstofflichen Bereich öffnet, gibt es häufig eine Phase, in der ihr euch erhaben fühlt – über dem Boden schwebend. In dieser Periode seid ihr in vollkommenem Kontakt mit eurem göttlichen Hohen Selbst – es begleitet euch sinngemäß durch euer Leben. Ihr habt dann eine „Hochphase", in der ihr alles durch eine rosarote Brille betrachtet. Auf einmal erscheint euch das Leben leicht, ihr spürt die Erhabenheit dieses göttlichen Rauschzustandes, habt einen schrankenlos offenen Geist und entwickelt ein Gefühl dafür, was ihr sein könntet.

Dann lässt diese Energie für gewöhnlich wieder nach. Euer göttliches Hohes Selbst, welches euch zu Anfang auf die Sprünge hilft, lässt euch allmählich wieder hinabsinken auf die irdische Realität. Eure Füße berühren dann wieder den festen Boden und auf einmal seid ihr nicht mehr in einer so tollen Energie. Ihr merkt, dass ihr bewertet, dass ihr euch in Opfer- und Kämpferspielen windet, dass ihr mit der einen oder anderen Situation in eurem Leben nicht mehr zufrieden seid. Vielleicht trauert ihr auch eine Weile dieser Hochstimmung nach und fragt euch, wohin sie verschwunden ist?

Dann beginnt ihr allmählich an euch zu arbeiten. Vielleicht lest ihr Bücher mit geistigen Inhalten. Vielleicht besucht ihr Seminare und manche stürzen sich ganz wild auf die Aufarbeitung ihrer Vergangenheit. Sie entdecken in sich Muster, schauen, was da gewesen ist und suchen und arbeiten auf. Ganz allmählich kommt ihr durch diese Arbeit in einen anderen Zustand.

Manchmal habt ihr die Vorstellung, wenn ihr den Hauch eines göttlichen Zustands wieder erreicht habt – vielleicht in einer Meditation – dass ihr diesen Gefühlszustand gerne einfrieren und für die Ewigkeit in eurem Inneren konservieren würdet. Aber so funktioniert Leben nicht, meine Lieben!

Ihr werdet diesen Zustand, den euch am Anfang euer göttliches Hohes Selbst offeriert hat, in dem ihr in einer Phase der ununterbrochenen Begleitung wart, allmählich so umsetzen und integrieren, dass es euer Alltagszustand wird. Auch wenn es Jahre dauert!

Meine Lieben und wenn ihr ihn erreicht habt, dann werdet ihr in diesem Dualen Universum zu Spielverderbern! Ihr spielt nicht mehr so schön mit wie die anderen, die noch im Opfer- und Kämpferspiel verhaftet sind!

Erst am Schluss dieses Inkarnationszyklus erinnert ihr euch an eure eigene wahre, göttliche Größe! Ihr erinnert euch zurück an die in euch wohnende Schöpfermacht und ihr übernehmt auch immer mehr die Verantwortung für eure Gedanken, Gefühle und inneren Gemütszustände.

Nun, meine Lieben, ihr seid ein multidimensionales Wesen mit vielen Inkarnationserfahrungen und all das hat in euch Spuren hinterlassen. Nun geht es nicht darum, dass ihr jede gemachte, leidvolle Erfahrung erkundet, ans Licht zerrt und euch in diesen alten Zuständen wälzt. Eine Zeit lang kann das sinnvoll sein, aber letztendlich geht es darum, dass ihr diese Polarität in euch auflöst.

Die Polarität auflösen bedeutet, dass ihr euch bewusst werdet, dass ihr bei euren vielen Leben nicht nur Opfer gewesen seid, sondern auch ausprobieren wolltet, wie es sich anfühlt, Macht über andere zu haben, jemanden zu unterdrücken, jemandem übel mitzuspielen, Allüren auszuleben. Und ihr habt euch in Liebesangelegenheiten verstrickt, indem ihr ungezügelt eurem Sexualtrieb gefrönt habt ohne Rücksicht zu nehmen auf Jugend und Abwehrsignale der anderen.

Meine Lieben, es gehört sehr viel Mut dazu, sich etwas anzuschauen, was einmal nichts mit Opfersein zu tun hat, sondern wo ihr in der Kämpfer- oder Täterrolle wart. Das Duale Universum bietet euch diese Möglichkeiten der Erfahrung und für gewöhnlich ist es so, dass ihr erst ganz am Schluss bereit seid, euch auch den Täteraspekt anzuschauen – das Erlösen der Urmuster (4. Seminar) – und damit fällt noch einmal eine große Belastung von euch ab. Ihr entwickelt euch damit immer mehr zu dem Schöpfergott, der ihr wart, bevor ihr in dieses Spiel der Dualität hineingegangen seid.

In dieser Phase der Aufarbeitung beginnen die Meisterjahre. Ihr seid jetzt mitten drin und manchmal sorgt ihr euch, ob ihr all die Prüfungen, die in den Meisterjahren anstehen, schaffen werdet?

Wir möchten euch ansatzweise erklären, worum es in diesen Prüfungen geht:

Ihr solltet gelernt haben euren inneren Gemütszustand zu wechseln, dass ihr zum Beispiel eine Schwermut oder innere „Jammerplatte" stoppt und euch dann willentlich in Energien der Leichtigkeit, der Hoffnung hineinbegebt und damit wieder Zuversicht gewinnt und mehr innere Balance. Des Weiteren werdet ihr geprüft, ob ihr euch bemüht, positiv zu denken, ob ihr Bewertungen und Selbstabwertungen unterlasst.

Ihr werdet geprüft, ob ihr gierig seid. Das könnte auf der Traumebene geschehen, indem euch ein begehrter Gegenstand vor die Nase gehalten wird. Das könnte ein Schmuckstück sein oder etwas in der Art. Und dann kommt es darauf an, ob ihr es an euch reißt oder weniger interessiert seid.

Eure Ehrlichkeit wird überprüft, aber auch ob ihr Grenzen setzen könnt. Seid ihr bereit, euch zu verbiegen für einen Lebenspartner, einen Vorgesetzten, eure Mutter oder jemanden aus eurem nahen Umfeld? Wie reagiert ihr, wenn euer Ehemann oder eure Ehefrau von euch verlangt: „Du wirst dich nicht mehr mit Spiritualität beschäftigen! Ich verbiete es dir! Und du wirst dich fernhalten von irgendwelchen blödsinnigen Seminaren!" Wie reagiert ihr? Verbiegt ihr euch? Lasst ihr euch bevormunden? Oder lacht ihr über diesen Einmischungsversuch und bleibt bei eurer Entscheidung?

Das sind die Prüfungen, die im irdischen Bereich in diesen Meisterjahren auf euch zukommen. Ihr habt alle sehr gute Chancen da hindurchzukommen! Und ihr müsst auch nicht jeden Tag ununterbrochen perfekt sein. Es ist legitim, wenn ihr da mal abrutscht, wenn ihr spürt, dass ihr gerade wieder jammert.

Das Wichtigste dabei ist nicht Perfektion! Es ist die Selbstbeobachtung!

Merkt ihr es, wenn ihr gedanklich abrutscht oder ihr jemandem gestattet euch zu bevormunden? Ist das ein Ausrutscher oder ein chronischer Zustand, wenn ihr euch unter Druck setzen lasst?

Und falls Geschwister aus eurer Seelenfamilie ebenfalls inkarniert sind, dann werden sie auch geprüft. Und wenn ihr eine Prüfung besteht, dann gilt sie für die gesamte Seelenfamilie als bestanden! Ihr müsst also nicht auf allen Gebieten brillieren!

Meine Lieben, eure Seelen sind in diese aufsteigende Zeit gegangen, weil euch hier ein ganz bestimmtes, entwicklungsförderndes Klima geboten wird. Die Ursonne strahlt mit ungeheurer Wucht in eure Zeitebene hinein und das wiederum bewirkt, dass alles turbulent zugeht, sich die Zeit beschleunigt und alles immer schneller geschieht. Was dabei erzeugt wird ist ein Spannungsfeld in euch, welches die in euch wohnenden Muster so beschleunigt, dass sie euch als störend ins Bewusstsein aufsteigen. Dadurch beginnt ihr an euch zu arbeiten und am Ende der Arbeit erkennt ihr, was ihr als Schöpfergötter mit eurem irdischen Verstand anstellt!

Die Meisterprüfungen

Frage:
Könnt ihr uns etwas berichten über die Prüfungen in den Meisterjahren zur Genehmigung der Kymischen Hochzeit?

Kuthumi

Ja, und wir können euch versichern, dass ihr sie alle sehr deutlich aus eurem Leben kennt! Allgemein gesprochen, geht es bei den Prüfungen in den Meisterjahren um die Genehmigung zur Beendigung des Inkarnationszyklus. Viele von euch möchten das „Immer-wieder-geboren-werden" beenden und das Duale Universum verlassen. Bingo! Fertig! Nie wieder ein irdisches Leben!

Diese Prüfungen sind also an erster Stelle für Menschen interessant, die keine weiteren irdischen Leben erfahren möchten! Ihr spürt es auch daran, dass ihr eine oft unbewusste Sehnsucht nach etwas Neuem – Friedvollen habt und dass eure Bereitschaft, sich mit Inbrunst in das Abenteuer Leben zu stürzen, spürbar nachlässt. Für alle, die sich dabei angesprochen fühlen, sind die nachfolgenden Prüfungen. Und ihr könnt jede Prüfung beliebig oft wiederholen – so lange bis ihr sie bestanden habt. Gut, es gibt irdische Prüfungen für Inkarnierte, es gibt feinstoffliche Prüfungen für die Geschwister im jenseitigen Bereich und es gibt gemeinsame Prüfungen auf der Traumebene. Kommen wir zu den irdischen Prüfungen. Wir geben euch gern eine Übersicht:

1. Der Gold- oder Giertest

Kuthumi

In einer dieser Prüfungen geht es darum, dass ihr eure Gier abgelegt habt – der sogenannte Goldtest. Dabei wird eure Ehrlichkeit überprüft. „Nutze ich die Chance mich auf Kosten anderer zu bereichern oder bin ich ehrlich?" könnte die Frage lauten. Praktisch sieht es dann so aus: Ihr findet in einem Hotelzimmer einen Brillantring oder eine Kassiererin gibt euch viel zu viel Geld heraus. Wie verhaltet ihr euch? Steckt ihr den Ring ein? Nehmt ihr das Geld? Oder seid ihr ehrlich und gebt es zurück?

Im ersten Fall seid ihr durch die Prüfung gefallen!

In diesem Test wird überprüft, ob ihr euch auf Kosten anderer bereichert und gierig seid. Ist das der Fall wäre es vielleicht angebracht weiter zu inkarnieren! Aber ihr könnt den Test auch zu einem späteren Zeitpunkt wiederholen. Natürlich muss der Goldtest bei euch nicht haargenau so ablaufen, wie in den beiden Beispielen. Das Leben bietet euch viele Möglichkeiten und Verknüpfungen mit anderen Menschen. Und die Frage ist: Seid ihr ehrlich oder betrügt ihr andere, wenn ihr die Gelegenheit dazu habt?

Die Energie, die euch animiert andere zu betrügen, ist die Gier! Es ist wie ein Sport, gepaart mit der Überzeugung, dass andere keine Achtung verdienen oder ihr zu kurz kommt, wenn ihr eurer Unersättlichkeit nicht frönt!

Frage:

Okay, diese Einstellung habe ich mit Sicherheit nicht! Und auch im zwischenmenschlichen Bereich würde ich nie jemanden betrügen, aber was geschieht, wenn ich beim Finanzamt irgendeine Einnahme vergesse anzugeben?

Kuthumi

Entscheidend dabei ist dein Gewissen! Wenn du einen Betrug im großen Stil begehst, dann weißt du sehr wohl, dass du betrogen hast! Ist es aber eher so, dass eine gewisse Schludrigkeit dafür verantwortlich ist, dann gleicht sie sich auf die Art aus, dass du andere Dinge, die du absetzen könntest, ebenfalls vergisst. Dein Gewissen weiß, ob du ein systematischer Betrüger bist oder nicht.

Antwort:
Das beruhigt mich!

Frage:
Aber man hört auch von Millionären in Griechenland, die irgendwelche Wege gefunden haben, überhaupt keine Steuern zu zahlen. Die fallen doch dann durch den Goldtest?

Kuthumi
Ja, aber sie sind in einem anderen Seelenalter. Das Ende des Inkarnations-zyklus steht für sie nicht an!

2. Die Realitätsverzerrung

Kuthumi

Manchmal neigt ihr dazu, euren Kopf absichtlich in den Sand zu stecken, die Augen ganz fest zu verschließen und geradezu krampfartig an einer Fehlinterpretation festzuhalten. Da dieses Spiel nur in der Physis möglich ist, habt ihr es in den vielen irdischen Leben genossen und ausgelebt!

Jetzt seid ihr aber in den Meisterjahren und diese Neigung der Realitätsverzerrung lässt euch auf der Stelle treten. Ihr möchtet die Wahrheit nicht sehen und ergeht euch in Dramen, Illusionen und Endloswiederholungen! Das ist ein Missbrauch eurer Schöpfermacht! Und wir würden euch gerne vor Augen führen, was ihr da tut:

Das Drama:

Liebt ihr es euch in Problematiken zu suhlen? Ihr habt in eurer unbewussten Phase bisweilen die Neigung, euch in Opfer- oder Kämpferfilmen und inneren Schallplatten zu ergehen. Ihr dramatisiert dann und seid weit entfernt vom tatsächlichen Geschehen. Solange ihr das mit Inbrunst tut, seid ihr kein bewusster Mensch! Dafür ein Beispiel: Angenommen, ihr feiert auf irdischer Ebene euren 50. Geburtstag. Ihr entdeckt an euren Augen die ersten Runzeln und gelegentlich zwickt es einmal in eurem Körper. Vielleicht zieht ihr auch an einem solchen Datum Bilanz, über das was ihr in eurem Leben erreicht habt? Und wenn ihr nun die Leidenschaft habt zu dramatisieren, könntet ihr euch in negative Visionen verrennen, welche sich dann wie folgt anhören: „Was habe ich nur von meinem Leben gehabt? Scheidung, die Kinder sind außer Haus und verstehen mich nicht, kein nennenswerter Besitz, eine Arbeit, die mir keine Freude bereitet. Alle Partner, die ich kennengelernt habe, sind fluchtartig davongelaufen. Aber es ist ja auch kein Wunder bei meinen Falten, den hängenden Brüsten und der Cellulitis. Mein Leben ist vorbei! Jetzt kommt nichts Schönes mehr! Die Stellung kann ich auch nicht mehr wechseln, weil ich zu alt bin. Und das Rentenalter haben sie auch hochgesetzt, so dass ich noch viele Jahre bei dieser furchtbaren Arbeit zubringen muss. Irgendetwas ist entsetzlich schief gelaufen! Und jetzt kann ich es nicht mehr korrigieren! Es ist für alles zu spät! Wäre ich doch schon gestorben!"

Programmiert sich so ein Schöpfergott?

Meine Lieben, mit derartigen Resümees fallt ihr durch den Realitätstest! Es ist ein klarer Missbrauch eurer Schöpferenergie! Ihr entscheidet euch in diesem Moment für das Leid und seid euch versichert, es wird in eurem Leben Einzug halten! Da ihr es mit euren Gedanken und inneren Dialogen einladet und es mit eurer ureigenen Kraft schöpft!

Eure Aufgabe ist es Dramen zu erkennen, zu stoppen, auf ihren Wahrheitsgehalt zu prüfen und euer Denken zu verändern!

Noch ein anderes Beispiel wie Männer dramatisieren:

Angenommen, ihr habt auf irdischer Ebene einen Kaufvertrag für ein Haus unterschrieben. Ihr habt bei der Bank einen großen, dicken Kredit. Ihr seid vielleicht gerade eingezogen und die ersten Raten dieses Kredites sind fällig. Und dann könnte es sein, dass die Angst in euch aufsteigt, immer wenn ihr im Bett liegt, kommt ihr ins Grübeln und sagt euch: „Oh Gott, die vielen Schulden! Was nicht alles passieren kann!"

Ihr könntet Visionen durchspielen, die ihr nicht wirklich haben möchtet und dann kommt es darauf an, wann ihr merkt, was ihr im Inneren treibt? Wenn ihr vielleicht nach drei Tagen oder nach einer Woche sagt: „So, jetzt reicht es! Jetzt schreiben wir mal einen neuen Film. Das ist ja überhaupt nicht real. Diese Dinge, die ich mir ausmale, was alles passieren könnte, die stehen im Moment überhaupt nicht an!"

Wenn ihr das erkennt und dieses Drama damit loslassen könnt, dann seid ihr draußen und habt die Prüfung bestanden.

Wenn ihr euch auf der anderen Seite dieses Drama immer wieder erschafft und die Zeit vergeht und ihr findet den Ausgang nicht. Ihr visualisiert über Monate, Jahre, persönliche Dramafilme, die ihr nicht wirklich haben möchtet. Dann greift eines Tages eure Schöpfermacht! Es passiert etwas Schreckliches, ihr werdet krank, ihr verliert die Arbeit und dann werdet ihr Erfahrungen in euer Leben ziehen, die schmerzvoll und chaotisch sind. Das ist ein Missbrauch eurer Schöpferenergie!

Die Illusion:

Gut, kommen wir zur nächsten Realitätsverzerrung:

Es gibt noch etwas Artverwandtes – das sind Illusionen. Illusionen, in denen ihr euch die Realität so zurechtbiegt, dass ihr euch vorgaukelt, es sei alles bestens und hervorragend! Ihr unterdrückt dabei eure tatsächlichen Gefühle und kappt eure Wahrnehmung. Es ist zu vergleichen mit dem Tragen von Scheuklappen.

Dazu ein Beispiel: Angenommen, ihr lernt einen Mann kennen. Ihr seid ganz entzückt von dieser Person. Er ist wirklich ein ganz reizender Mensch. Ihr seid sozusagen im siebten Himmel. Endlich hat er euch angesprochen und ihr hattet ein gutes Gespräch. Ihr wart vielleicht zusammen etwas trinken und ihr schwebt auf Wolke sieben.

Ihr werdet dann animiert sein die Person wieder zu kontaktieren. Ihr trefft euch wieder und geht abends zusammen Essen und flirtet ein wenig. Aber euer Angebeteter ist offensichtlich sehr beschäftigt, eher zurückhaltend und hat selten Zeit. Irgendwann schafft ihr es, diesen gut aussehenden Menschen zu euch zum Essen einzuladen. Ihr kommt euch näher – der Beginn einer Beziehung. Ihr hofft immer, dass er jetzt vielleicht mehr Zeit hat, aber es bleibt bei gelegentlichen Besuchen.

Ihr blendet dabei aus, dass etwas nicht stimmt! Eure Gefühle könnten euch signalisieren, dass an dieser Beziehung etwas merkwürdig ist! Aber an der Realität seid ihr überhaupt nicht interessiert, weil euer Illusionsfilm viel schöner ist!

Und irgendwann, nachdem ihr ein halbes Jahr eine Beziehung gepflegt habt, platzt die Bombe: Er ist verheiratet und hat zwei Kinder! Eure ganzen schönen Zukunftsträume sind dahin! Eine Scheidung kommt vorläufig nicht in Frage wegen der Kinder. Die Wochenenden gehören der Familie. Aber vielleicht kann er ja ein-, zweimal in der Woche vorbeischauen. Natürlich darf es keiner wissen! So ist die Abmachung!

Ihr seid gewillt euch zu trennen, aber wenn er dann wieder einmal vor der Tür steht, bringt ihr es doch nicht fertig. Eurer besten Freundin habt ihr von diesem Traummann erzählt, der für euren Freundeskreis und die Familie unsichtbar bleibt.

Die Zeit vergeht. Er kommt immer mittwochs. Ihr kocht etwas Gutes, was er mit Heißhunger verschlingt, und anschließend geht ihr ins Bett.

Nach zwei Stunden ist er wieder weg. Allmählich beginnt ihr unter der Situation zu leiden. Ihr kommt euch ausgenutzt vor, denkt wieder einmal über Trennung nach, aber es bleibt alles beim Alten.

Es fällt euch allmählich schwer, eure Illusion aufrecht zu erhalten, aber vielleicht findet ihr Argumente, die euch die Beziehung schön reden. Ist die Realität leidvoll, bietet euch die Illusion eine Fluchtmöglichkeit. Damit könnt ihr eure wahren Gefühle, die doch so unangenehm sind, verdrängen. Ihr erschafft euch eine harmonische Illusion.

Meine Lieben, es kommt nicht darauf an, niemals eure Schöpfermacht in einer Illusion zu verzetteln. Darauf kommt es nicht an! Es kommt darauf an, die Wahrheit zu erkennen und irgendwann zu verstehen: „Stopp, ich habe mir etwas vorgemacht! Es ist nicht wirklich die Beziehung, die ich suche!"

Es tut dann weh. Natürlich. Aber ihr seid befreit von einer Illusion und ihr seid auch wieder frei, wenn ihr den Schmerz überwunden habt, das zu finden, was ihr wirklich möchtet. Eine Illusion muss nicht zwangsläufig den oben beschriebenen Inhalt haben. Ihr könnt euch auch andere leidvolle Situationen zurechtbiegen und schön reden.

Meine Lieben, da gibt es also das Drama und die Illusion. In beiden könnt ihr euch unter Umständen verrennen. Das Drama verzerrt die Wahrheit ins Negative und die Illusion ins Positive! Es ist nicht wichtig, dass ihr euch nicht verrennt. Es ist wichtig, dass ihr es in einem angemessenen Zeitrahmen erkennt und dass ihr mit dieser Erkenntnis umgehen könnt. Das ist die Prüfung.

Frage:
Ich würde gern noch mal auf das Beispiel mit der Beziehung zu dem verheirateten Mann zurückkommen: Besteht die Prüfung dann darin, dass ich mich trenne?

Kuthumi
Nein, die Trennung könnte eine Folgeentscheidung sein! Aber darum geht es nicht! Es geht darum, dass du die Wahrheit erkennst! Dass du aufhörst, dir etwas einzureden. Dieses Einreden könnte sich folgendermaßen anhören: „Er ist ja so ein netter Mensch! Immer bringt er mir Blumen mit.

Und leider ist er mit einer derartigen „Schreckschraube" verheiratet. Aber ich baue ihn zweimal in der Woche auf, bekoche ihn gut. Und sobald die jüngste Tochter 12 Jahre alt ist, lässt er sich scheiden und heiratet mich!"

Das ist der Illusionsfilm! Und da dürft ihr ganz nüchtern zurücktreten und die knallharte Realität erkennen. Und die repräsentiert sich so:

Ich habe eine Beziehung mit einem verheirateten Mann! Er teilt mit mir das Bett und einige gute Gespräche! In der Öffentlichkeit existiert er nicht! Wir haben keinen gemeinsamen Bekanntenkreis und gehen auch nicht miteinander Essen, damit uns niemand sieht. Seine Versprechen nimmt er häufig zurück. Also kann ich mich auch nicht darauf verlassen, dass die Hochzeit im Jahre X stattfindet! Aber er bringt mir auch nicht seine dreckige Wäsche zum Waschen und ich habe viel Freizeit, die ich für meine Hobbys nutzen kann!

Das ist eine Zusammenstellung der momentanen Tatsachen!

Und jetzt geht die Analyse weiter in den persönlichen Bereich: Wie viel Partnerschaft lebe ich in meinen Visionen? Wäre ich überhaupt bereit mich tiefer einzulassen? Oder gibt es einen Teil in mir, der nur so viel Nähe erträgt, wie ich sie momentan lebe? Wie war meine letzte feste Partnerschaft? Bin ich dabei so verletzt wurden, dass ich diese Beziehung mit viel Abstand jetzt zur Heilung benötige? Welchen Aspekt von mir müsste ich in einer engeren Partnerschaft noch stärken?

Das sind die Fragen, die euch entwicklungsmäßig weiterbringen!

Konfuzius
Gut, meine Lieben es gibt noch einen weiteren Aspekt der Realitätsverzerrung und das sind Endloswiederholungen – wie eine hängengebliebene Schallplatte, die ständig dieselbe Passage spielt!

Endloswiederholungen „Und täglich grüßt das Murmeltier"
Wir beobachten, dass einige von euch ihre Herausforderungen, Lernschritte und Probleme häufig über Jahre auf dieselbe Art und Weise lösen möchten, ohne jemals auf die Idee zu kommen etwas Neues auszuprobieren oder nicht in der Lage sind, sich selbst bei dieser Problemlösung zu beobachten.

Nehmen wir dafür ein Beispiel:
Eine spirituell offene Person meditiert täglich, pflegt dabei den Kontakt zu ihrer Seelenfamilie und erschafft in sich Zustände des Friedens und der Harmonie. Dabei kommt es gelegentlich vor, dass ein Muskel zuckt oder sie auch eine merkwürdige Aussage empfängt. Diese Vorkommnisse erzählt sie einem irdischen, spirituellen Lehrer und der sagt ihr: „Oh, da musst du aber vorsichtig sein, das hört sich für mich an wie eine Besetzung. Aber ich weiß, wie man die löst."

Sie geht zu dieser Reinigung und fühlt sich danach befreit. Aber es dauert nicht lang, da spürt sie in der Meditation wieder einen Schmerz im Muskel und bekommt abermals eine zweifelhafte Information. Sie schließt daraus: „Das muss schon wieder eine Besetzung sein!" Sie geht also wieder zu dem Lehrer und lässt sich reinigen. Und hier beginnt die Endlosschleife: Sie erlernt irgendwann diese Reinigung selbst und bald werden aus ihren Meditationen Endlosreinigungen. In extremen Fällen kann so etwas über Jahre und bis zum Ende des Lebens anhalten.

Nehmen wir ein anderes Beispiel:
Eine spirituell offene Person meditiert täglich, pflegt dabei den Kontakt zu ihrer Seelenfamilie und erschafft in sich Zustände des Friedens und der Harmonie. Dabei kommt es gelegentlich vor, dass ein Muskel zuckt oder sie eine merkwürdige Aussage empfängt. Diese Vorkommnisse erzählt sie einem irdischen, spirituellen Lehrer und der sagt ihr: „Oh, das hört sich an wie ein Angriff von Außerirdischen. Die setzen Implantate ein und sind sehr manipulativ. Aber ich weiß, wie man dir hilft!"

Sie geht zu dieser Reinigung und fühlt sich danach befreit. Aber es dauert nicht lang, da spürt sie in der Meditation wieder einen Schmerz im Muskel und bekommt abermals eine zweifelhafte Information. Sie schließt daraus: Das ist schon wieder so ein Angriff von Außerirdischen. ... wir glauben, ihr wisst wie es weiter geht!

Nächstes Beispiel:
Eine spirituell offene Person liest davon, dass sie durch ihre Gedanken ihre Lebensumstände erschafft. Sie wohnt in einer Einzimmerwohnung, besitzt nur wenig Geld, aber hat viel freie Zeit. Nun kommt sie auf die Idee,

sich vorzustellen in einem Schloss zu wohnen, im Maxim zu speisen, einen Porsche zu besitzen, sich bei Tiffany Schmuck zu kaufen und sich bei XY einzukleiden, dann wäre sie zufrieden!

Sie benutzt also die Bilder ihrer Traumlebensumstände und schickt diese täglich mehrfach ans Universum. Nach einigen Monaten beginnt sie sich zu wundern, denn sie sitzt immer noch in der Einzimmerwohnung und hat kein Geld. Sie fühlt sich frustriert, von der geistigen Welt im Stich gelassen und sucht nach der Ursache, warum ihre Schöpfermacht nicht das Traumleben hervorbringt, was sie in ihren Visionen erschafft. Sie sucht verschiedene Heiler und Medien auf und bekommt jedes Mal Hinweise, woran sie arbeiten darf und wo noch Blockaden vorhanden sind. Sie findet Begeisterung an der Arbeit, besucht Seminare und merkt, dass ihr das Schloss, der Porsche und der Schmuck nicht mehr so wichtig sind. Stattdessen erkundet sie ihre Seele und hat sich damit selbst aus der Endlosschleife befreit.

Meine Lieben, was wollen wir euch damit sagen? Es kann vorkommen, dass ihr euch vorübergehend in einem Endlosfilm verfangt – wie lange das im Einzelfall dauert bestimmt ihr. Und ein wichtiger Schritt ist das Eingestehen der Wahrheit, die Selbstbeobachtung und das Verlassen von eingefahrenen Gleisen.

Wenn sich jemand in so einer Endlosschleife befindet, gibt es dafür hilfreiche Fragen, die ihr euch stellen könnt: Trifft das Phänomen der Endlosschleife auf meine Situation zu?

– Habe ich ein Problem, was ich immer wieder über dieselbe Schiene zu lösen versuche?

– Wechseln meine inneren Zustände zwischen hoffnungsvoll und hoffnungslos?

– Wurde mir schon mehrfach der endgültige Erfolg / Durchbruch in Aussicht gestellt, aber letztendlich nie erreicht?

Wenn ihr diese Fragen mit „Ja" beantwortet, dann befindet ihr euch in einer Endlosschleife. Und es geht nicht darum, dass ihr euch enttäuscht aus der geistigen Welt zurückzieht, weil ihr glaubt, die anderen hätten euch an der Nase herumgeführt. Eure Überzeugung, dass diese Vorgehensweise richtig ist, hat es zugelassen!

Selbstbeobachtung wäre an dieser Stelle hilfreich! Was ist euer Ziel? Mit hoher Wahrscheinlichkeit möchtet ihr ein Problem lösen oder eine Situation verändern. Ihr habt jetzt einen Weg ausprobiert, der offensichtlich nicht funktioniert!

Gibt es euer Problem tatsächlich oder könnte es eine Fehlinterpretation sein? Seid ihr einem Trugbild aufgesessen? Oder glaubt ihr die irdischen Gesetzmäßigkeiten auflösen zu können? Dann ist jetzt das Ende der Täuschung nah!

Es geht darum, dass ihr den Schritt in die Selbstbeobachtung vollzieht! Was treibe ich? Wie wirkt das, was ich tue, auf eine neutrale außenstehende Person? Welche alternativen Lösungen gibt es?

Das erfordert eine gewisse geistige Flexibilität und wir wissen auch, dass diese Selbstbeobachtung im Anfangsstadium anstrengend sein kann. Es ist dasselbe wie beim Entdecken der inneren Schallplatten und dem Gegensteuern bei diesem Automatikprogramm.

Aber wenn ihr diese Selbstbeobachtung wirklich lernt und durchhaltet, wird sich euer Leben auf grandiose Weise verändern! Ihr seid dann Schöpfer und eure Aussendungen funktionieren tatsächlich! Ihr gestaltet dabei euer Leben um, weil ihr aufgehört habt euch selbst in die Suppe zu spucken!

3. Der Balance- oder Schöpfergotttest

Konfuzius

In einer anderen Prüfung geht es darum, das innere Gleichgewicht zu halten, das bedeutet, dass ihr in der Lage seid euch selbst in einen friedvollen, kraftvollen und erwartungsfrohen Zustand zu versetzen, so dass ihr im Frieden seid mit allem was ist! Ihr dürft im Alltag ganz praktisch das anwenden, was ihr in Seminaren, Therapien oder aus Büchern gelernt habt und zurückfinden in die innere Harmonie und göttliche Gelassenheit!

Der Balancetest – er wird im jenseitigen Bereich auch als der Schöpfergotttest bezeichnet – ist sehr beliebt und auch ein wenig lustig. Ein Wesen, welches sich diesem Test unterzieht, sagt sinngemäß von sich selbst: „Ich bin eine bewusste Seele! Ich wähle meine Gedanken, mein Gemüt, meine innere Verfassung vollständig selbst." Dabei lauft ihr über Wasser und stellt die Behauptung auf: „Meine mentale Kraft ist so in Balance und Stabilität, dass ich über die Gefühle wandeln kann."

Nun, lasst uns die Prüfung noch etwas ausführlicher erläutern: Ihr übt euch also auf der irdischen Ebene, euer inneres Gleichgewicht zu halten, in eurer Mitte zu bleiben oder dahin zurückzukehren – auch dann, wenn chaotische Nachrichten euer Familienleben überrollen. Und wie gut ihr diese innere Harmonie halten könnt, lässt sich sehr gut nachts auf der Traumebene überprüfen, indem ihr über Wasser lauft.

Ihr habt gehört, dass Jesus über Wasser laufen konnte und es hat sinngemäß mit diesem Test zu tun! Bei diesem Test sagt ihr als Schöpfergott: „Ich bestimme über meinen inneren Zustand, ich bin in der Mitte, in Ausgeglichenheit und vollkommenem Frieden". Und in diesem Friedenszustand seid ihr im feinstofflichen Bereich in der Lage über Wasser zu laufen. Es trägt eine friedvolle Seele!

Immer wenn ihr glaubt, dass ihr eure innere Balance halten könnt, dann versucht ihr euch an diesem Test.

Es gibt da auf der Traumebene ein Schwimmbecken zur Überprüfung und das Wasser trägt euch, wenn ihr eure innere Harmonie halten könnt! Könnt ihr sie nicht halten, dann sinkt ihr mit den Beinen deutlich sichtbar ein. Dabei lauft ihr von einer Beckenseite auf die andere. Währenddessen versucht ihr euer inneres Gleichgewicht zu halten und dann wird das Ganze noch verschärft: Über euch wölbt sich ein Himmel und an diese Fläche werden euch Ereignisse aus eurem Inkarnationszyklus projiziert. Ihr seht dann vergangene Verletzungen oder Untaten, die sehr emotional waren. Diese Bilder werden eingespeist aus eurer Seelenmatrix und ihr seid als Schöpfergott aufgefordert, trotz dieser Bilder eure Balance zu halten und über das Wasser zu wandeln!

Häufig übt ihr euch erst einmal mit abgeschaltetem Himmel. Und erst, wenn ihr das geschafft habt, wählt ihr die Herausforderung mit den Bildern.

Nun, es ist eine feuchtfröhliche Angelegenheit! Das können wir euch verraten!

Für gewöhnlich ist dieser Balance-Test sehr beliebt. Es gibt auch immer Zuschauer aus dem jenseitigen Bereich, die auf den Bänken sitzen und Wetten abschließen. Es ist ein lustiger Test und ihr könnt auch lachen, wenn ihr dabei mal wieder eingesunken seid. Und vielleicht findet ihr dabei auch Geschehnisse eurer Vergangenheit, an denen ihr noch arbeiten dürft.

Meine Lieben, letztendlich geht es darum, dass ihr in diesen Meisterjahren erklärt: „Ich erinnere mich an meine Schöpfermacht und ich möchte dieses „Immer-wieder- geboren-werden" beenden". Dafür gibt es verschiedene Prüfungen. Eine Prüfung ist der Balancetest.

Frage:
Dieser Test ist ziemlich gemein! Hat den schon irgendwer bestanden?

Konfuzius
Ja, viele! Und es bestehen ihn täglich Neue!

Frage:
Gibt es einen Tipp von euch, wie sich dieser Zustand der Balance anfühlt?

Konfuzius
Gut, wir würden euch gern einen weiteren Test vorstellen, der eng mit dem Balancetest verwandt ist: Euer inneres Gleichgewicht hat unmittelbare Aus-

wirkungen auf eure Konzentrationsfähigkeit und wir geben euch auch gern Übungen, wie ihr dieselbe erhöhen könnt. Das ist vielleicht effektiver als Beschreibungen von Balancezuständen!

4. Der Konzentrationstest

Konfuzius

Wer gelernt hat seine Balance zu halten, ist auch gedanklich konzentrierter! Der Frieden in euch hat also Auswirkungen auf euren Geist – beziehungsweise die geistige Konzentration.

Woran merkt ihr, wenn ihr unkonzentriert seid: Ihr denkt in Halbsätzen, springt in eurem Kopf von einem Gedankenthema zum anderen ohne jede Klarheit. In Meditationen gleiten euch ständig die Gedanken davon. Und in eurem Leben seid ihr gestresst, nervlich angeschlagen und „Vergesslichkeit" könnte euer Name sein!

Was könnt ihr tun, wenn neben eurem Klingelknopf heimlich der Name „Vergesslichkeit" steht? Das erste Gebot ist: innere Ruhe erschaffen! Eine Möglichkeit wäre entspannende oder klassische Musik zu hören, sich einer Kreativität zu widmen – möglichst einer, bei der ihr vollkommen die Zeit vergesst, eine Fantasiereise zu machen oder zu meditieren.

Die Meditation ist auch so etwas wie ein inneres Messgerät für eure Konzentrationsfähigkeit. Beim Meditieren verbindet ihr euch erst einmal mit der Erde und wandert dann mit eurer Aufmerksamkeit von den Füßen aufsteigend zum Kopf durch den Körper. Vielleicht rutschen euch, wenn ihr an den Knien seid, bereits das erste Mal die Gedanken weg. Kehrt, ohne euch zu schelten, zu den Knien zurück und macht weiter! Es mag sein, dass das zu Anfang frustrierend ist, aber es ist eine der besten und simpelsten Übungen um in euch Ruhe und Konzentration zu erzeugen.

Hinter einer ausgeprägten Unkonzentriertheit stehen auch häufig ein Lebenskonflikt – eine hochgradige Unzufriedenheit mit einer Situation, aufgeschobene Entscheidungen, Sorgen und auch innere Selbstkritik. Vielleicht wisst ihr sofort ganz klar, was euch die Ruhe raubt! Falls das so ist, dann solltet ihr die Situation ändern. Wenn eine Veränderung nicht in eurer Macht steht, dann überprüft eure Einstellung dazu!

Solltet ihr nicht wissen, was die Ursache eurer Unruhe ist, dann könnt ihr die Meditation gleich zur Ursachenforschung nutzen. Wendet euch, bevor ihr zu meditieren beginnt, an eure Seele und euer Hohes Selbst. Bittet darum: „Helft mir zu erkennen, warum ich so unkonzentriert bin!" Es reicht, wenn ihr diesen Satz äußert!

Dann macht es euch bequem und verbindet euch mit der Erde, wandert von den Füßen aufsteigend durch den Körper. Das erste Ziel ist den Kopf zu erreichen, ohne dass eure Gedanken davonlaufen. Wenn ihr das könnt, dann hüllt euch in die Lichtenergie eures Hohen Selbstes ein, indem ihr euch vorstellt, ihr seid vom Kopf bis zu den Füßen in einen lichtvollen „Zuckerguss" gehüllt. Wenn ihr damit fertig seid, konzentriert euch entweder auf euren Atem oder euer drittes Auge (Stirn). Haltet die Konzentration! Nach kurzer Übung öffnet sich ein Fenster zu eurer Seele und ihr empfangt eine Antwort durch ein Bild, einen inneren Film oder einen gedanklichen Satz. Eure Seele oder auch euer Hohes Selbst sprechen zu euch in einfachen leicht verständlichen Bildern oder Gedankensätzen!

Wer das wirklich ausprobiert, dem garantieren wir, dass er spätestens nach drei Wochen Übung für eine Antwort empfänglich ist! Außerdem seid ihr innerlich ausgeglichener und eure Konzentration ist entschieden besser als vorher! Ihr werdet auch weniger euren Schlüssel suchen und beim Einkaufen feststellen, dass das Portemonnaie in der anderen Tasche ist. Die Vergesslichkeit ist verschwunden!

5. Das Wahrnehmen und Verändern der eigenen Programmierung

Kuthumi

Der fünfte Test ist euch nicht fremd. Wir hatten ihn schon in einem früheren Buch angesprochen und zwar geht es um die inneren Stimmen: Ihr seid ständig in euren Gedanken am Reden. Ihr rechtfertigt euch, ihr wertet euch selbst ab oder ihr setzt euch unter Zeitdruck. Und dieses Gebaren ist euch so in Fleisch und Blut übergegangen, dass jeder ein Arsenal an inneren Schallplatten besitzt, die er vollautomatisch abspielt und davon programmiert durchs Leben hechelt, ohne dass es euch bewusst ist. Häufig ist es der Grund für frühes Altern, Krankheit und vorzeitiges Sterben. Wir sprechen von euren inneren Stimmen: dem *Antreiber, dem *Kritiker und dem *Verteidiger. Hier nur ein Kurzüberblick, damit euer Gedächtnis aufgefrischt wird:

Verteidiger:

Dein Verteidiger hat die Aufgabe dich vor Angriffen und ungerechtfertigter Kritik zu schützen, deine Wünsche zu äußern und Absprachen mit anderen Menschen zu treffen. Ein nach außen stummer Verteidiger ergeht sich in verbalen inneren Schlachten, er schlägt sich in Scheingefechten mit nichtanwesenden Widersachern, bekommt aber in der Realität den Mund nicht auf. Er rät dir stets, nichts zu sagen und dich lieber zurückzunehmen, er hat Angst vor Konfrontationen. Möglicherweise wird er dir erklären, dass es „edel sei" nicht auf das Niveau deines Gegenübers herabzusinken. Es ist die Aufgabe dieser inneren Stimme sich Konfrontationen zu stellen!

Ein weiser Verteidiger versteht es, wenn nötig, anderen Grenzen zu setzen! Er tut es in Ruhe – ohne emotionale Entgleisung.

Beispiel aus dem Leben: Dein Chef wirft dir ein Fehlverhalten vor und

*(Ausführliche Beschreibung: „2012 und danach" ISBN 978-3-89568-211-7 oder auch Seminarteil 1 und 2)

kanzelt dich ab. Du weißt nicht, wie dir geschieht und lässt es über dich ergehen. Hinterher läufst du durch deine Wohnung – das Gespräch wiederholt sich in deinem Kopf wie eine hängengebliebene Schallplatte – und auf einmal diskutierst du gedanklich, lässt Dampf ab und findest Argumente für dein Verhalten! Du trainierst deinen Verteidiger!

Kritiker:

Der Kritiker beurteilt dein Handeln. Er bewertet, wie du was gemacht hast oder kritisiert dein Aussehen. Seine positive Absicht ist es, deine Fähigkeiten immer mehr zu trainieren und zu verbessern, so dass du reinen Gewissens sein kannst. Ist der Kritiker übermächtig, wird er alles, was du tust, bemängeln. Er meckert von morgens bis abends und zerstört dein Selbstbewusstsein. In dem Falle ist es wichtig, das zu erkennen und ihm Grenzen zu setzen!

Ein weiser Kritiker gibt dir Hinweise, wie du deine Fähigkeiten immer mehr zur Geltung bringen kannst ohne dich als Persönlichkeit zu verletzen!

Antreiber:

Der Antreiber sagt dir, was du als nächstes zu tun hast. Er möchte verhindern, dass du einrostest, auf der Stelle trittst und wichtige Termine vergisst. Ein überzogener Antreiber wird dich mit endlosen Aufgaben bombardieren und dir keine ruhige Minute gönnen. Er vermittelt dir ein schlechtes Gewissen, sobald du dich hinsetzt und nichts tust. Teilweise könnte er dich erschöpfen, noch bevor du aus dem Bett gestiegen bist, indem er eine Lawine mit ausstehenden Erledigungen herunterbetet. Auch ein überzogener Antreiber benötigt Schranken!

Ist der Antreiber nicht vorhanden, fehlt dir sozusagen der innere Antrieb und die Kraft etwas in deinem Leben zu verändern.

In den Meisterjahren ist es eure Aufgabe die inneren Stimmen bewusst wahrzunehmen, zu disziplinieren und bewusst so zu verändern, dass sie euch optimal dienen und euch nicht tyrannisieren!

Das bedeutet im Klartext: Aufräumen in eurem Kopf! Und das ist gleichzeitig der Schritt zur Alten Seele! Erst nachdem ihr in eurem Kopf ein positives Programm geschrieben habt, funktioniert eure Schöpfermacht uneingeschränkt!

6. Der Kommunikation-Test oder das Vermeiden von Missverständnissen

Kuthumi

Es gibt noch andere Prüfungen. Was ihr vorher getan habt, war die Selbstbeobachtung eurer inneren „Schallplatten" im Kopf und das Disziplinieren derselben! Jetzt weitet sich das Ganze aus auf die Kommunikation mit anderen Menschen. Es ist sinngemäß die Feinabstimmung eures Verteidigers!

Und hier kommt der Kommunikations-Test:

Könnt ihr für eure Bedürfnisse einstehen? Sagt ihr es, wenn euch etwas nicht passt oder schluckt ihr alles herunter, verbiegt euch und schimpft im Inneren? Klärt ihr es auf, wenn ihr einen anderen verletzt habt oder zieht ihr euch feige zurück? Das sind Prüfungen, meine Lieben!

Es geht dabei darum, dass ihr euch an den Schöpfergott erinnert, der ihr ehemals wart. Und dass ihr diesen Schöpfergott immer mehr auch im Irdischen leben könnt, für euer Recht einsteht und bewusst das Opfer- Kämpferspiel verlasst. Gut, nehmen wir ein Beispiel:

Angenommen, in eurem Umfeld gibt es eine Person, mit der ihr Ärger habt. Sie tut oder sagt etwas, was euch verstimmt oder auch verletzt. Nun gibt es zwei Möglichkeiten: Entweder, ihr zieht euch zurück und setzt diese Person auf eine Liste von aussortierten Menschen und begebt euch damit in die Opfermentalität, schmollt und schimpft im Inneren, oder ihr klärt die Angelegenheit.

Bei der Klärung kommt es dann darauf an, dass ihr es mit einer gewissen inneren Balance tun könnt. Wenn ihr ausrastet und euer Gegenüber zusammenbrüllt oder euch hinterhältig rächt, dann seid ihr in der Kämpfermentalität. Ein Schöpfergott – und hier kommt die Prüfung – klärt die Angelegenheit mit einer Aussprache. Ebenso solltet ihr auch in der Partnerschaft Grenzen setzen und gemeinsam neue Lösungen finden. Also es geht darum, dass ihr Ungerechtigkeiten nicht schluckt, sondern klärt.

Frage:

Ja, das ist ja soweit ganz schön! Aber es gibt auch verbohrte Menschen, die nicht einmal kapieren, was ich meine und das ist dann Zeitverschwendung. Glaubt ihr mit denen lässt sich eine Lösung finden?

Kuthumi

Es geht dabei in keiner Weise um einen Erfolg oder Sieg! Die Prüfung ist bestanden, wenn du nicht mehr schluckst, sondern den Mund aufmachst und versuchst die Situation zu klären. Der Erfolg hat vielleicht für dein Ego eine Bedeutung – für die Prüfung ist er unwesentlich!

Gut, hier die andere Situation, in der ihr ebenfalls gern kneift:

Ihr habt jemanden verbal verletzt und spürt die andere Person zieht sich zurück. Eine unsichtbare Mauer steht zwischen euch und wenn ihr das Wort an diese Person richtet, kommt deutlich rüber, dass sie konsterniert ist und euch gegenüber kurz angebunden. Ihr denkt über eure letzten Zusammenkünfte nach und erinnert euch siedendheiß an eine Situation, wo ihr diesen Menschen vor anderen bloßgestellt habt. Und dann beginnt ein innerer Kampf! Der Gott in euch rät euch: „Du solltest es klären. Geh zu ihr! Sprich die Situation an und entschuldige dich!" Das Teufelchen antwortet: „Ach was! Sie soll sich nicht so anstellen! Wie stehst du denn da, wenn du eingestehst einen Fehler gemacht zu haben?" Hast du den Mut dich der Situation zu stellen?

Kommentar:

Ja, die Beispiele sind sehr gut! Ich glaube jeder hat schon so etwas erlebt. Und in der zweiten Situation versteht man auch, dass der Ausgang des Gespräches zweitrangig ist. Es geht mehr um das Angebot zur Klärung. Der andere hat einen freien Willen, er kann es nutzen oder auch nicht!

Kuthumi

Genauso ist es! Es geht also bei diesem Test darum, ob ihr euch bemüht, mit euren Mitmenschen in einer friedvollen Kommunikation zu sein. Konfuzius hat noch ein Beispiel zur Kommunikation.

Missverständnisse erzeugen

energetische Mauern

Konfuzius

Manchmal hat es den Anschein, dass ihr aus Büchern oder von Seminaren unterschiedliche Informationen erhaltet. Da gibt es Versprechen, wie ihr eure Vergangenheit transformieren könnt, ohne dass ihr da allzu viel in die Gefühle hineintauchen müsst. Und es gibt andere Aussagen, die euch wiederum daran erinnern, dass es wichtig ist mit euren Gefühlen in Kontakt zu kommen und diese Gefühle zu durchleben und sich hineinfallen zu lassen. Da winkt das Versprechen, dass sich die unangenehmen Gefühle durch dieses Hineinfallen lassen auflösen.

Nehmen wir dafür ein praktisches Beispiel aus dem Leben:

Angenommen, eure Mutter wohnt ein ganzes Stück von euch entfernt und ihr besucht sie vielleicht nur einmal im Jahr. Ihr nehmt euch eine Woche Zeit, wohnt bei ihr und freut euch auf dieses Zusammensein.

Dann kommt ihr an, aber eure Mutter hat viele andere Dinge zu erledigen.

Ihr habt euch vorgestellt, dass ihr gemeinsam etwas unternehmen werdet. Vielleicht ein gemeinsamer Saunabesuch, zusammen Einkaufen und Mittag essen gehen und einfach Zeit füreinander zu haben. Das sind eure Vorstellungen! Und jetzt werdet ihr auf einmal mit einer Person konfrontiert, die anscheinend einen vollen Terminkalender hat. Ihr seid enttäuscht.

Dann findet ein Gespräch zwischen euch statt:

Ihr habt die Erwartung, dass ihr den Tag gemeinsam verbringt und eure Mutter bombardiert euch beim Frühstück mit ihren Terminen: Nachmittags Yoga, abends eine Verabredung mit ihrer Freundin.

Worauf Folgendes passiert: ihr fühlt euch versetzt, abgelehnt und weggeschoben!

Vielleicht ist es so, dass ihr nach dieser Eröffnung schweigt. Ihr schluckt den Ärger über den Terminkalender eurer Mutter herunter. Und gleichzeitig rattert etwas in eurem Kopf: „Ich habe es ja gewusst, sie hat wieder keine Zeit! Andere Leute sind ihr viel wichtiger als ich! Sie lehnt mich noch immer ab! Irgendetwas steht zwischen uns."

Für gewöhnlich ist es so, dass ihr solche unangenehmen Zustände schnellstmöglich verdrängt, indem ihr euch sagt: „Nun, es war schon immer so. Ich werde das jetzt einfach so stehen lassen. Ich mache halt meins und wende mich jetzt ab und tu etwas anderes. Ich werde ihr schon zeigen, dass ich auch alleine klar komme! Da gehe ich eben allein in die Sauna und wenn sie das nächste Mal irgendetwas will, dann lass ich sie auch im Regen stehen!"

So ungefähr geht ihr für gewöhnlich miteinander um!

Bei nächster Gelegenheit macht ihr eure innere Ankündigung wahr und lasst sie in dem Moment auflaufen, wo sie signalisiert, sie habe jetzt Zeit für eine gemeinsame Unternehmung. Zwischen euch entsteht so etwas wie eine Mauer der Undurchdringlichkeit und der Ablehnung. Kommt euch das bekannt vor?

Nun, meine Lieben und dann beginnt ihr an euch zu arbeiten. Da gibt es welche, die euch raten: „Du musst dieses Gefühl der Ablehnung in dir auskosten. Es bewusst aushalten, bis es vergeht. So löst es sich auf!"

Wir sagen euch: Ihr solltet es bewusst wahrnehmen! Es ist ein Alarm-Signal, das euch sagen möchte: „Achtung! **Jetzt und Hier** läuft gerade etwas schief!"

Oftmals ist es so, dass ihr dieses Gefühl schnell verdrängt, schnell auf die Seite schiebt, weil es unangenehm ist. Aber ihr solltet es wahrnehmen! Es ist ein Impuls in euch, der euch meldet: „Achtung, hier baut sich gerade eine Mauer auf!" Wenn ihr dann schluckt und schweigt, wird diese Mauer immer höher. Wenn ihr euerseits mitmauert, dann habt ihr eine kluge Idee, wie ihr euch bei passender Gelegenheit rächen könnt und die Mauer wird noch höher.

Meine Lieben, aber das ist nicht Sinn der Aufarbeitung und es geht auch nicht darum, dass ihr euch in diesem Gefühl des Abgelehnt-Werdens suhlt, es immer wieder in euch wachruft und vergleichbare Situationen der Vergangenheit herbeizitiert, in denen ihr wahrnehmt: „Damals in der Kindheit, da hat sie mich auch schon abgelehnt, und ich finde mindestens fünf frühere Leben, in denen ich auch abgelehnt wurde." Das ist nicht die Lösung!

Die Lösung liegt in der Kommunikation!

Ihr sitzt gemeinsam beim Frühstück und hört eure Mutter sagen: „Um 15 Uhr habe ich Yoga und abends treffe ich mich mit der Brigitte!" Das ist das Signal, nachdem euer innerer Zustand kippt! Ihr fühlt euch abgelehnt, habt einen Kloß im Magen! Wie ein Schwall kaltes Wasser, der euch trifft!

Und das ist der Moment, wo ihr gefordert seid zu kommunizieren! Wenn ihr jetzt schweigt und im Inneren euren Verstand rattern lasst, dann entsteht die Mauer!

Ihr könntet nachfragen: „Ich hatte eigentlich gehofft, dass wir gemeinsam etwas unternehmen?" Eure Mutter wird dann vielleicht erklären, dass das nur heute so ist und sie ab morgen Zeit für euch hat. Aber die heutigen Termine könnte sie nicht schieben, da zum Yoga ein Inder käme, der nur alle fünf Jahre mal in der Stadt sei und ihre Freundin Brigitte heute den 70. Geburtstag hat.

Wie fühlt ihr euch nach dieser Klärung? Ist das Gefühl der Ablehnung noch da? Sinnt ihr noch auf Rache? Müsst ihr noch die Ursache für das unangenehme Gefühl erkunden? Oder ist es überhaupt nicht mehr vorhanden?

Wenn ihr ehrlich kommuniziert, könntet ihr viele Missverständnisse augenblicklich vermeiden!

Kuthumi

Gut, Konfuzius hat euch ein Beispiel erzählt, wie ihr es anstellt, durch Missverständnisse eine Mauer entstehen zu lassen und dies zwischen Menschen, die sich einmal geliebt haben! Das geschieht einmal durch Unterstellungen: Ihr nehmt an, die andere Person könnte euch nicht leiden und tue ihre Ablehnung kund. Dabei ist sie häufig genauso verunsichert. Sie weiß, dass sie Termine hat, die sie nicht verschieben kann, möchte aber andererseits für die Tochter da sein. Ehrlichkeit würde euch jetzt weiterbringen! Aber häufig strengt ihr euch an, den anderen nicht zu verprellen, so dass ihr mit eurem Termin hinterm Berg haltet oder einen energetischen Spagat macht, was niemandem gut tut! Ihr unterlasst es, die Angelegenheit zu klären und ergeht euch stattdessen in einem inneren Erguss von Selbstablehnung oder Fremdablehnung.

Nehmen wir ein Beispiel aus der Partnerschaft:

Es ist Mittwochabend: Ihr seid beide berufstätig. Aber für heute Abend haben sich Gäste angekündigt. Ein befreundetes Ehepaar kommt gegen 20 Uhr auf Besuch. Die Ehefrau geht pflichtgetreu nach der Arbeit in den Supermarkt und besorgt die Zutaten für die abendliche Speisenfolge. Sie hat mit ihrem Mann abgesprochen, dass er den Wein besorgt. Der Gatte hat einen stressigen Tag, denkt nicht mehr an die Gäste und vergisst auch den Wein. Auf dem Parkplatz erinnert ihn ein Kollege an das Fußballspiel, das in 10 Minuten im Fernsehen live ausgestrahlt wird. Er freut sich und denkt: „Oh ja, das ist das Richtige nach diesem Tag!" Er beeilt sich nach Hause zu kommen, macht sich einen Kaffee, zieht seine Freizeitkleidung an und streckt sich genüsslich im Fernsehsessel aus.

In der Zwischenzeit schleppt seine beladene Ehefrau die Einkäufe aus dem Auto ins Haus. Ihr Kopf ist voll mit Planungen und Überlegungen, was bis 20 Uhr noch alles gemacht werden muss. Schon im Flur trifft sie auf Kleidungsstücke ihres Mannes, die offensichtlich eilig abgelegt wurden. Außerdem hört sie aus dem Wohnzimmer Geräusche eines Fußballspieles. Ihr schwant, dass er den Wein vergessen hat!

Sie geht mit missbilligender Mimik hinein und fragt provozierend: „Hast du den Wein schon kalt gestellt?" Ihr Göttergatte fragt unschuldig: „Welchen Wein? Haben wir was zu feiern?" Sie sagt gereizter: „Du hast es vergessen! Habe ich es doch gewusst! Und dann hängst du hier vor der Glotze und schlägst die Zeit tot! Denke bloß nicht, dass ich noch einmal in den Supermarkt gehe! Von dort komme ich nämlich gerade! Und es gibt noch jede Menge zu tun!"

Ihr Mann jetzt auch gereizt: „Wovon redest du eigentlich?"

„In zwei Stunden kommen deine Freunde!" sie betont deine! Obwohl sie weiß, dass es natürlich auch ihre sind. Ihm fällt jetzt wieder ein, was er eigentlich tun wollte und in seinem Kopf läuft Folgendes ab: „Mist, ich habe den Wein vergessen! Wie konnte mir das passieren? Kein Wunder an diesem stressigen Tag! Aber wieso spielt sie sich so auf? Es ist erst 18 Uhr. Also jede Menge Zeit um eine Flasche Wein zu besorgen! Und das Fußballspiel lasse ich mir nicht nehmen! Das kommt überhaupt nicht in Frage! Schließlich habe ich das erste Mal an diesem Tag eine ruhige Minute!"

Er antwortet: „Mach die Tür zu! Ich will jetzt das Spiel sehen! Den Wein besorge ich später!"

Eine nette Szene, nicht? Ihr könnt sicherlich spüren, wie sich bei den beiden der Solarplexus zusammenballt. Und nachdem die Tür zu ist, geht es erst richtig in den Köpfen los: Beide kämpfen gedanklich verbal weiter. Jetzt sind die Tore geöffnet für alle erdenklichen Unterstellungen, Vorwürfe, Schuldzuweisungen und vergleichbare Rückschauen. Die Mauer wird errichtet mit Wut auf sich selbst und den anderen und verbalen Gefechten, die die höchstmögliche Missdeutung des Gesagten voraussetzen. Am Ende der inneren Tirade zweifeln beide an der Zukunft der Partnerschaft.

Meine Lieben, die jetzige Schwingung auf der Erde ist so hoch, dass ihr an eurer Bewusstheit arbeiten müsst, um einen göttlichen Wandel in eurem Bewusstsein zu vollziehen!

Frage:
Was machen wir eigentlich aus geistiger Sicht falsch?

Kuthumi

1. Ihr geht Verpflichtungen ein, von denen ihr schon im Vorfeld wisst, dass sie Hektik bedeuten.
2. Als nächstes habt ihr zu hohe Ansprüche an eine perfekte Repräsentation, das bedeutet noch einmal Stress.
3. Dann putscht ihr euch innerlich künstlich hoch, um dem Arbeitsaufwand gewachsen zu sein.
4. Ihr verzeiht euch selbst nicht das geringste Versäumnis.
5. Des Weiteren unterstellt ihr anderen eine angeborene Gemeinheit.
6. Ihr glaubt, dass jemand schuld sein muss!

Das sind die Marksteine an denen euer Zusammenleben scheuert! Und als letztes programmiert ihr euch noch falsch und behauptet positiv zu denken und bewusst zu sein!

Gut, meine Lieben, jetzt kommt der letzte Test, den euch Erzengel Michael erklären wird:

7. Schutz

Michael

Geliebte Schüler des Lichtes, ihr habt einen langen Inkarnationszyklus durchlaufen und in den verschiedenen Seelenaltern, die ihr dabei durchschreitet, ist euer Bedürfnis nach Schutz unterschiedlich stark ausgeprägt. Dabei ist so etwas wie ein Wellenmuster erkennbar:

Ganz am Anfang, wenn ihr neu in diesem Dualen Universum seid und zu inkarnieren beginnt, seid ihr sehr schutzbedürftig, weil ihr das Spiel in der Physis noch nicht kennt! Ihr wisst nicht so genau, auf was ihr euch da eingelassen habt und seid angewiesen auf Seelen, die bereits über mehr Lebenserfahrung verfügen als ihr. Ihr braucht jemanden zum Festhalten und seid eher schüchtern und zurückhaltend.

Einige Leben später, im Stadium der Kindseele werdet ihr neugierig. Ihr müsst alles ausprobieren, löchert andere mit Fragen und die Unternehmungslust wird in euch geweckt. Andere, die ihr draußen trefft, wittern eure Naivität und Leichtgläubigkeit. Sie nutzen euch aus und verleiten euch zu Handlungen und Anschwärzungen, die sie selbst nicht begehen würden, weil sie wissen welche Strafe darauf steht. Dabei verbrennt ihr euch die Finger und zieht euch erst einmal in den geschützten Hafen eurer Familien zurück. Jetzt kommt wieder eine Phase, in der ihr viel Schutz benötigt und eure Wunden leckt.

Danach setzt die Phase des Karmas ein: Verletzungen, die ihr anderen zugefügt habt, fallen auf euch zurück. Das erschreckt euch so, dass ihr überall Feinde vermutet und durch diese Angstenergie getrieben noch tiefer in das Karma verstrickt werdet. Auf einmal wird das Leben hochgradig unkontrollierbar und ihr passt euch da an, indem ihr chaotisch lebt und handelt. Zwischen den Leben erkennt ihr dann im jenseitigen Bereich, dass euch immer genau das widerfährt, was ihr selbst auch getan habt. Und eure dringendste Frage ist: „Wie komme ich da wieder raus?"

Euer göttliches Hohes Selbst wird euch beraten und erklären: „Das Universum ist wie ein Echo! Alles, was du tust, ziehst du in dein Leben!" oder anders ausgedrückt: „Was du nicht mehr tust, ziehst du auch nicht mehr an!"

Das ist das Stadium, in dem ihr das größte Schutzbedürfnis habt, weil ihr diesen Friedensversprechungen, aufgrund der erst kürzlich erlebten chaotischen Erfahrungen, nicht traut! Ihr fühlt euch verfolgt und lauert ständig nach möglichen Gefahren und sehnt euch nach einem friedlichen Gruppenleben. Gemeinschaften, die euch Sicherheit und Frieden versprechen, sind ganz hoch im Kurs. Es ist das Heilpflaster für eure Angst!

Allmählich gewinnt ihr wieder an Sicherheit. Das Karma, das mit Gewalt zu tun hat, ist jetzt vorbei! Dafür werdet ihr mit Betrug, Gleichgültigkeit, Psychoterror, Starallüren und ähnlichem Verhalten konfrontiert. Wenn ihr jetzt im jenseitigen Bereich seid, jammert ihr lautstark: „Das ist so ungerecht!" Und euer Hohes Selbst versichert euch: „Nein! Es ist ein Echo sonst nichts!" Allmählich entdeckt ihr auch die Parallelen im Gebaren der anderen mit euch selbst. Und das wiederum animiert euch: Das Leben verstehen zu wollen! Ihr erkundet euch selbst, entdeckt eure Seele und sehnt euch nach einem friedvollen Leben auf der Erde. So kommt ihr letztendlich ins Stadium der alten Seele. Erst die Alte Seele übernimmt vollständig die Verantwortung für ihr Leben, ist integer und setzt auch immer professioneller ihre Gedankenkraft ein. Sie entdeckt, dass sie ein geistiges Wesen ist und das Duale Universum ein Spielplatz der endlichen Möglichkeiten! In diesem Stadium ist sie natürlich geschützt.

So, das war so weit der Überblick über verschiedene Stadien eures Schutzbedürfnisses!

Dieses Universum hat also die Gesetzmäßigkeit: „Du erntest, was du gesät hast!" Und das bedeutet: Alles, was euch widerfährt ist wohl verdient! Es gibt keine armen, unschuldigen Opfer, die von der Dampfwalze des Schicksals niedergedrückt werden – auch wenn ihr das zuweilen glaubt!

Geschützt sein – ist also ein fühlbarer Zustand in euch in Verbindung mit dem Wissen, dass euch nichts passieren kann! Schutz ist also nichts, was ihr im Außen – durch welche Anstrengungen auch immer – erschaffen könnt! Wir zeigen euch gern, wie sich dieser Schutzzustand anfühlt!* Verbindet euch mit Erzengel Michael und bittet um diese Erfahrung in der Meditation.

*(siehe auch: 4. Seminarteil oder CD „Erzengel Michael: Schutz" erscheint Ende 2012)

Kuthumi

So, das waren die Prüfungen der irdischen Ebene – abgesehen von eurem „Bad" auf der Traumebene!

Aber ihr habt möglicherweise noch Seelengeschwister im jenseitigen Bereich denen auch eine Prüfung bevorsteht:

Eure feinstofflichen Geschwister sind also gerade nicht inkarniert und sie übernehmen in den Meisterjahren eine Zeit lang die Rolle des göttlichen Hohen Selbstes. Das heißt, das Hohe Selbst sitzt gemütlich im Lehnstuhl auf der Terrasse, Füße hoch und schaut zu, wie eure Geschwister, die ja ebenfalls ausinkarnieren möchten, sich in der Rolle des göttlichen Hohen Selbstes ergehen.

Dabei geht es in der Hauptsache darum, euch energetisch zu unterstützen und beratend zur Seite zu stehen. Und manchmal haben die Geschwister im feinstofflichen Bereich solche Momente, in denen sie bei dieser Betreuung auch einmal aus ihrer Gelassenheit herausfallen. Sie schimpfen dann: „Jetzt habe ich einen bestimmten Impuls schon zwölfmal an meine Schwester heruntergeschickt, sie hat ihn zwölfmal wahrgenommen, es ist immer noch keine Notiz da und es geht nicht vorwärts! Sie jammert immer noch!"

Eure Hohen Selbste bemühen sich dann um einen betroffenen Blick und vermeiden es biestig zu lachen!

Das sind dann die Gegebenheiten, mit denen eure Geschwister konfrontiert werden. Sie dürfen dann trotzdem in Gelassenheit verbleiben und nicht in Panik geraten, so nach dem Motto: „Wir schaffen die Prüfung wahrscheinlich nie bei dieser Begriffsstutzigkeit, aber ich werde ihr den Tipp jetzt noch ein 13. Mal geben!"
Gut, das ist der Test eurer feinstofflichen Geschwister.

Frage:
Wie besteht man diese Prüfungen?

Kuthumi

Du solltest in der Lage sein, dich selbst zu beobachten! Wahrzunehmen: Wie handle ich? Was fühle ich? Wie argumentiert mein Verstand? Gibt es Situationen oder Menschen, unter denen ich leide? Wie ist meine bisherige Verhaltensweise? Ist mein innerer Gott / meine Göttin damit zufrieden?

Oder hätte ich es gern anders? Kann ich dieses andere in Worte fassen? Die Anwendung dessen, was ihr gelernt habt in der Praxis!

Es reicht leider nicht aus, dass ihr darüber lest und glaubt, andere hätten diese Probleme. Diese Tests kommen ganz praktisch in eurem Leben vor! Und ihr bekommt sie solange vorgesetzt, bis ihr sie bestanden habt! Und dann dürft ihr das Duale Universum bald verlassen!

Noch ein Tipp zum Bestehen der Tests: Trefft euch mit einer guten Freundin oder einem Freund, mit denen ihr tiefgründige Gespräche führen könnt, lest gemeinsam einen Test und dann redet darüber, erzählt von euren Erfahrungen. Helft euch durch Fragen wahrzunehmen, was in euch abläuft!

Frage:
Ich fand das vorhin, was ihr über die Prüfung der feinstofflichen Geschwister gesagt habt sehr interessant! Ich kann mir auch gut vorstellen, dass es sie anödet, wenn sie einen Hinweis 13 Mal runtergeben, bevor wir ihn registrieren. Manchmal ist es sogar spürbar, dass sie genervt sind. Dazu habe ich noch mehr Fragen!

Kymische Hochzeit und Kontakt
zu feinstofflichen Geschwistern

Frage:

Ich stehe in Kontakt mit meinen feinstofflichen Geschwistern und meinem Bruder, mit dem die Kymische Hochzeit ansteht, durch Meditationen und über die Traumebene. Dabei habe ich die Beobachtung gemacht, dass mein Bruder häufig sobald ich ihn bewusst auf der Traumebene wahrnehme, sich davonschleicht. Manchmal fühle ich mich regelrecht abgelehnt und im Regen stehen gelassen. Als ob es ihm peinlich wäre, dass ich seine Schwester bin! Könnt ihr das erklären?

Kuthumi

Gut, plaudern wir die Geheimnisse der Traumebene aus: Es kommt darauf an, mit welchem Bewusstsein ihr auf der Traumebene wandelt. Gewöhnlich ist es so, dass sich euer Wachbewusstsein im Körper einer Ruhephase unterzieht. Euer Traumbewusstsein verlässt den physischen Körper und dieser Teil von euch besucht die Traumebene. Dort absolviert ihr Schulungskurse, arbeitet an Entwicklungsschritten und organisiert euer irdisches Leben vor. Ihr habt in diesem Zustand den vollen Zugriff auf euer Seelenpotential, seid rasch, selbstbewusst und habt den Totalüberblick über euren Inkarnationszyklus und die jetzt anstehenden Entwicklungsschritte. Etwa 97% eurer Träume verbringt ihr in diesem Zustand. In den meisten Fällen ist es dem Wachbewusstsein nicht bewusst!

Aber in dem Moment, in dem euer Wachbewusstsein auf der Traumebene hinzukommt, verändert ihr euer Verhalten, ihr werdet deutlich sichtbar langsamer, schaut erstaunt um euch und gebt Meinungen von euch, die sehr aus dem Verstand befruchtet sind. Die Feinstofflichen haben dann die Anweisung euren Zustand zu ignorieren und ganz normal fortzufahren, als sei nichts Besonderes. Im Allgemeinen löst sich diese Wachheit nach kurzer Zeit wieder auf. Aber manchmal klappt es bei euren Geschwistern nicht so gut mit dem Ignorieren oder dem nicht Loslachen. Wenn ihr irgendeine

„Schote" von euch gegeben habt, die deutlich irdische Ängste zum Ausdruck bringt, verdrehen eure Geschwister die Augen und raunen sich zu: „Und mit der bin ich verwandt!"

Frage:
Ja, ich glaube, das ist eine Herausforderung in solchen Situationen nicht zu reagieren. Ich habe noch eine andere Beobachtung gemacht: Sobald mein Wachbewusstsein auf der Traumebene meinen feinstofflichen Bruder erspäht, spüre ich auch den Drang in mir mit ihm zu verschmelzen. Es fühlt sich fast an, wie die Sucht nach einer göttlichen Droge. Ist es mein Wunsch nach der Kymischen Hochzeit, der mich das fühlen lässt? Und werden die Geschwister angehalten, es ebenfalls zu ignorieren?

Kuthumi

Ja, am Ende des Inkarnationszyklus könnt ihr auch gefühlsmäßig stark wahrnehmen, dass da eine deutliche Sehnsucht nach Wiedervereinigung besteht!

Wenn du im Traumzustand deinen feinstofflichen Bruder bewusst erkennst, werden in dir Gefühle aktiviert. Du bekommst dann einen verklärten Blick, dein Herz geht auf und du sendest Signale aus, die sinngemäß besagen: „Ich schmachte nach dir! Komm zu mir! Ich bin heiß auf dich!" Es ist dir in diesem Moment gleichgültig, ob ihr euch gerade mit anderen in einem himmlischen Hörsaal befindet. Du bist dann ganz Gefühl und Verschmelzungswunsch.

Nun versetze dich in seine Lage – was glaubst du, wie es ihm geht?

Antwort:
Wie peinlich! Der Arme!

Kuthumi

Sie beamen sich dann manchmal weg, setzen sich Tarnkappen auf, verstecken sich hinter anderen. Sie verstehen auch dein Bedürfnis, sind aber in diesem Moment nicht bereit es zu teilen. Natürlich passiert das allen, die gemeinsam mit ihren irdischen Geschwistern an diesem Unterricht teilnehmen. Den anderen geht es ja genauso! Also ist es nicht peinlich! Aber die

Feinstofflichen unterhalten sich dann untereinander, so nach dem Motto: „Achtung, dein Erdling schaltet gerade wieder um auf Wachbewusstsein! Schau dir an, wie er guckt! Mal sehen, was jetzt wieder passiert."

Antwort: (lachend)
Oh, das tut mir leid! Genauso fühlt es sich an und ich kann auch gut verstehen, dass er dann verschwindet!

Kuthumi

Sie reißen dann manchmal Witze und meinen scherzhaft: Die Erdlinge sollten eigentlich einen separaten Hörsaal haben! (lachend) Aber es ist auch lustig und lockert die Ernsthaftigkeit des Unterrichtes auf!

Antwort:
Wenn ich dann aufwache mit der Erinnerung, er ist wieder vor mir geflohen, dann kann ich das jetzt besser einordnen und muss mich nicht mehr abgelehnt fühlen!

Kuthumi

Da hast du recht! Nimm es nicht persönlich!

Frage:
Ich habe noch einmal über die Situation nachgedacht und muss ehrlich gestehen, es gibt einen Teil in mir, den dieses Verhalten der jenseitigen Geschwister stört. Ich empfinde es sehr unreif, wenn sie dann lachen oder davonlaufen!

Kuthumi

Was sollten sie deiner Meinung nach stattdessen tun?

Antwort:
Nach meinen Begriffen bin ich, sobald das Wachbewusstsein dazu kommt, in einem hilfsbedürftigen Zustand und anstatt mir zu Hilfe zu eilen, lachen sie sich krumm. Also irgendwie ist das zutiefst kindisch und unreif!

Kuthumi

Gut, meine Liebe! Vermagst du es im Irdischen über dich selbst zu lachen? Wie ausgeprägt ist dein Helfersyndrom? Das sind die beiden Fragen, mit denen du dich einmal auseinandersetzen darfst. Beobachte dich auf diesen Gebieten! Und es gibt noch eine weitere Information: Jemanden auslachen und ihn blamieren, das ist genau das Verletzungsthema der Vergangenheit, woran ihr miteinander arbeitet. Also es hat einen Grund, warum du so reagierst!

Frage:
Ich bin mit meinem Bruder aus dem feinstofflichen Bereich kurz vor der Ver-schmelzung – Kymische Hochzeit. Und ich möchte gerne wissen, was denken und fühlen die feinstofflichen Geschwister in dieser Situation?

Kuthumi

Gut, an erster Stelle kommt die gemeinsame Aufarbeitung. Ihr besucht gemeinsam Schulungskurse auf der Traumebene, wobei Missverständnisse der Vergangenheit aufgearbeitet werden. Denn es können keine zwei Energien – Seelen – verschmolzen werden, die in irgendeiner Weise einen Konflikt in sich tragen. Es bilden sich dann – je nach Thema – Therapiegruppen, die ihr besucht. Es gibt Dualseelen, die haben sich in der Vergangenheit im irdischen Leben getötet. Vielleicht erinnert ihr euch, dass wir euch an anderer Stelle erklärt haben, dass Seelengeschwister in den ersten irdischen Begegnungen emotional sehr heftig aufeinander reagieren! Andere haben sich gegenseitig verraten, waren in Konkurrenz und ruinierten sich in einer frühen Begegnung. Da gibt es Unterschiede und je nachdem, was in der Vergangenheit eure Konflikte waren, bekommt ihr eine Arbeitsliste, die ihr gemeinsam in Therapiegruppen bearbeitet. Ihr wisst dann also: Wir dürfen an Mord arbeiten, an Verrat, an gegenseitig Anschwärzen, Misstrauen, Missverständnissen usw. All das ist in diesem Inkarnationszyklus zwischen euch einmal aktuell gewesen und es wird in diesen Arbeitsgruppen angesprochen, offengelegt und zwischen euch bereinigt.

Erst wenn dieser Prozess vollendet ist, seid ihr bereit für die Kymische Hochzeit!

Nun kommen wir zu der Frage, wie fühlt sich ein Geschwisterteil, was durch die Kymische Hochzeit in einen erwachsenen, irdischen Körper eintritt?

Gut, zu allererst kommt das Prüfungsprogramm, dann die Aufarbeitung eures Inkarnationszyklus. Ist dieses beendet, wird euch gesagt: „Ihr könntet jetzt verschmelzen zu einem Wesen! Der Boden dafür ist bereinigt!"

Für gewöhnlich feiert ihr dann dieses Ereignis im feinstofflichen Bereich mit euren Freunden. Ihr freut euch dann, dass ihr es geschafft und somit das Ende des Inkarnationszyklus erreicht habt. So nach dem Motto: „Hurra, wir haben es geschafft und brauchen nie mehr zu inkarnieren! Die Tore zum Verlassen des Dualen Universums stehen uns offen! Wir haben dieses Spiel erfolgreich durchlaufen!"

Danach bereiten sich eure Schwester oder euer Bruder auf die irdische Ebene und die Kymische Hochzeit vor. Sie nehmen vom jenseitigen Bereich Abschied.

Um euer Gedächtnis aufzufrischen: Die Kymische Hochzeit ist die Wiedervereinigung der feinstofflichen Geschwister zur göttlichen Wesenheit. Ein feinstofflicher Bruder oder eine Schwester, mit denen ihr die Aufarbeitung durchlaufen habt, wird nachts auf der Traumebene mit eurem feinstofflichen Traumkörper vereint. Diese Verschmelzungen sind immer weiblich / männlich und es ist damit auch die Vorbereitung auf die künftige Androgynität. Natürlich ändert sich vorläufig nichts an eurer Geschlechtlichkeit auf der Erde!

Eure Geschwister beobachten euch vor der Verschmelzung intensiver. Sie interessieren sich dann für eure normalen Tagesabläufe: Wo befindet sich die Schule eures Kindes? Wie heißen die Lehrer? Wo pflegt ihr einzukaufen? Mit welcher Technik ist euer Haushalt ausgestattet? Wie fährt das Auto? Welche Leute trefft ihr? Wie bedient ihr den Computer? Auf alle diese irdischen Gegebenheiten werden sie vorbereitet!

Ihr seht euch dann weiter auf der Traumebene, gebt euch gegenseitig Hinweise und vielleicht möchte euer Bruder oder die Schwester noch einmal das Autofahren auffrischen oder die Bedienung von Elektrogeräten – dafür gibt es auch im feinstofflichen Bereich Kurse. Ihr werdet also nicht mit jemandem verschmolzen, der technisch auf Steinzeitniveau steht!

Bei diesen Beratungen geht es auch darum: Wann ist der ideale Termin für die Kymische Hochzeit? Da spielen möglicherweise Überlegungen der Nummerologie und astrologische Komponenten eine Rolle. Durch die Verschmelzung ergibt sich die Möglichkeit, etwas zu wandeln oder bestimmte Aspekte zu stärken. Ihr werdet diesbezüglich auch beraten, wenn ihr das wünscht.

Des Weiteren werden euer feinstofflicher Bruder oder die Schwester auf eure irdischen Körpermaße angepasst. Sie haben in ihrer Seele einen abgespeicherten Inkarnationszyklus über die Leben, die sie persönlich gelebt haben. Diese Körper sind in der Seele abrufbar und euer Geschwisterteil wird sich einen Körper erwählen, der annähernd eure Körpermaße hat. Mit diesem Körper lernt ihr sie auch auf der Traumebene kennen.

Und dann endlich kommt die Kymische Hochzeit!

Frage:
Gibt es bei den feinstofflichen Geschwistern auch Bedenken über die Verschmelzung? Sie begeben sich ja damit noch einmal in die Physis und nicht einmal in einen „neuen" Körper?

Kuthumi
Nun ja, die meisten freuen sich auf diese letzte irdische Inkarnation. Einmal, weil sie wissen, dass es nur noch eine bestimmte Anzahl Jahre sind. Der irdische Körper ist vorbereitet und sie sind auch dann in einer Konstellation auf der irdischen Ebene, die sie zuvor in Einzelinkarnationen niemals hatten! Das Seelenpotenzial wird mit jeder Kymischen Verschmelzung stärker, euer göttlicher Aspekt bekommt eine ganze Menge Energie. Aus diesem Grund ist es auch für euren Bruder oder die Schwester aus dem feinstofflichen Bereich eine neue Erfahrung. Das göttliche Potenzial und die Bewusstheit, die ihr nach der Kymischen Hochzeit leben könnt, waren in keiner anderen irdischen Inkarnation vergleichbar hoch! Und das ist der Anreiz dabei!

Frage:

Wenn ich mich aber in die Lage meines Bruders versetze, dann muss es doch für ihn auch so etwas wie Auflösung bedeuten. Er gibt seine eigene Persönlichkeit auf, um mit mir zu verschmelzen? Hat das nicht auch etwas Bedrohliches?

Kuthumi

Gut, sie stellen im Unterricht Fragen nach dem Gefühlszustand nach der Verschmelzung. Sie fragen uns – die Aufgestiegenen Meister – und auch „Frischvermählte" auf der Traumebene, wie sich diese Veränderung anfühlt und wir antworten ihnen, es ist vom Körpergefühl her nicht anders als irgendeine Inkarnationserfahrung. Der gravierendste Vorgang ist der, dass sie sich nach der Verschmelzung mit euch schlagartig auf der physischen Ebene wiederfinden. Da gibt es kein allmähliches Umgewöhnen, wie es normalerweise bei der Geburt in einem eigenen Körper der Fall ist.

Nun, außerdem verabschieden sie sich aus dem jenseitigen Bereich. Viele pflegen dort intensive Freundschaften und haben darüber hinaus betreuerische Kontakte zu anderen Seelen, die ihnen nahestehen. Das alles darf delegiert werden, so dass sich dein Bruder oder deine Schwester mit gutem Gewissen in die Physis verabschieden können.

Frage:

Ich habe noch eine andere Frage: Ich bin ja hier auf der irdischen Ebene verheiratet und auf der anderen Seite ist da die Kymische Hochzeit mit meinem Seelenbruder. Wie gehen denn die Ehemänner damit um? Vor der letzten Verschmelzung hat Ute geträumt, dass mein Mann neben ihr steht und sagt: „Da heiraten die morgen, was mache ich denn da?" Und Ute hat geantwortet: „Ja, da wünschst du ihnen alles Gute! du gratulierst." Demnach bekommt mein irdischer Partner auf einer bestimmten Ebene mit, dass ich die Kymische Hochzeit anstrebe!

Kuthumi

Gut, jetzt kommen wir zu dem anderen Punkt, den du ansprichst: Die Partner oder nahen Familienangehörigen, die momentan noch nicht bereit sind für die Kymische Hochzeit, für das Ende des Inkarnationszyklus, die aber sehen: Da gibt es die Möglichkeit auszusteigen!

Einmal gibt es verschiedene Reaktionsweisen auf irdischer Ebene. Wenn du einem Partner, der kein Interesse an Spiritualität besitzt, von der Kymischen Hochzeit erzählst und der Möglichkeit diesen Wiedergeburtszyklus zu beenden, dann ist die Wahrscheinlichkeit groß, dass er dich für etwas absonderlich hält und denkt, dass du vielleicht nicht alle Latten am Zaun hast! Das ist möglich!

Im feinstofflichen Bereich wissen sie darum! Gut, wir müssen da Unterschiede einräumen: Jüngere Seelenalter wissen es nicht, beziehungsweise interessieren sich nicht dafür! Ältere Seelenalter wissen um diesen Abschlusstest, der im jenseitigen Bereich durchlaufen wird und der darüber bestimmt, ob ihr dieses Duale Universum wieder verlasst. Sie kennen das Wasserbassin und manchmal sind sie sogar stolz auf euch und sie erzählen gleichaltrigen Seelen: „Die da auf dem Wasser – das ist meine Frau!" Außerdem wird ihr eigener Ehrgeiz angestachelt. Sie möchten auch diesen Schritt vollziehen und sie üben vielleicht heimlich unter sich am Wasserbecken. Also da ist im feinstofflichen Bereich schon eine Neugier, eine Offenheit und ein Erwachen des eigenen Ehrgeizes vorhanden. So nach dem Motto: „Ich möchte das auch!"

Ja, das beobachten wir!

Alltag bei den Aufgestiegenen
Meistern und Erzengeln

Kuthumi

Meine Lieben, falls diese irdische Inkarnation eure letzte sein sollte, dann geht es für euch folgendermaßen weiter:

Nachdem ihr euer letztes Leben in der Physis beendet habt, kommt ihr erst einmal zurück in den jenseitigen Bereich. Ihr trefft euch mit eurer Seelenfamilie und der Monade in dem feinstofflichen Ort, in welchem ihr zu Hause seid. Für gewöhnlich feiert ihr dann eure Meisterschaft – den Abschluss.

Danach verschafft ihr euch einen Überblick, wer aus eurer Monade noch im irdischen Bereich verweilt und ihr wartet und unterstützt gemeinsam diejenigen, die noch inkarniert sind, damit auch sie bald ihren Abschluss machen können. Sobald ihr komplett seid, verabschiedet ihr euch von euren jenseitigen Freunden, ehemaligen Verwandten und Bekannten. Es gibt also schon wieder einen Grund zum Feiern – diesmal ist es das Verlassen des Dualen Universums, welches euer nächster Schritt ist.

Unter Umständen bekommt ihr bei dieser Abschlussfeier bereits die ersten Aufträge für euer künftiges Amt. Ein Gast, der vielleicht eine Reife Seele hat, kommt zu euch und fragt an: „Du gehst doch jetzt zu den Aufgestiegenen Meistern und verlässt das Duale Universum. Würdest du mich bitte unterstützen, wenn ich in den Meisterjahren stecke und nicht mehr weiter komme? Dich kenne ich und dir würde ich vertrauen!" Und schon habt ihr einen Auftrag!

Die Wahrscheinlichkeit ist groß, dass ihr die unterstützen werdet, von denen ihr zu euren Inkarnationszeiten geglaubt habt, dass sie mit seltener Inbrunst auf dem Schlauch stehen! Die, bei denen ihr das Gefühl hattet, sie kapieren es nie! Die dürft ihr dann unterstützen! Und das ist dann wohl so etwas wie ausgleichende Überheblichkeit!

Nun, meine Lieben, wir können euch versichern, es ist ein erhebender Moment, wenn ihr gemeinsam mit eurer Monade dieses Duale Universum verlasst! Alle Geschwister einer Seelenfamilie – meist sind zwei übrig geblieben – verschmelzen dann endgültig zu einem androgynen Wesen. Und dann kommt ihr zu den Aufgestiegenen Meistern und die Hohen Selbste gehen zu den Erzengeln, wobei das eine Schwingungsebene ist – also der gleiche Aufenthaltsort. Ihr erschafft euch dann erst einmal eure eigenen Quartiere innerhalb der Anlage. Hier gibt es Parks, Begegnungsstätten und Zentren der Erholung, die ihr nach Belieben nutzen könnt, wenn ihr nicht gerade zum Dienst bei den Aufgestiegenen Meistern eingeteilt seid.

Der Komplex der Aufgestiegenen Meister und Erzengel ist unterteilt in bestimmte Themenbereiche. Die Zusammenarbeit beider Gruppen ist sehr intensiv.

Es gibt also verschiedene Sparten: eine beschäftigt sich zum Beispiel mit Erfindungen und wie diese auf die Erde gebracht werden können. Sie sind dann über die Traumebene in Kontakt mit irdischen Forschern, die vielleicht gerade eine neue Autobatterie entwickeln, die den Benzinmotor ablösen soll.

Dann gibt es einen Bereich, der zuständig ist für künstlerische Inspirationen. Kunst, Schönheit und alle kreativen Schöpfungen bis hin zur Gelände- oder Architekturplanung. Sie arbeiten über die Traumebene mit irdischen Künstlern zusammen und schicken ihnen Ideen.

Wieder andere arbeiten sehr intensiv an ihrer Entwicklung. Sie entdecken vielleicht irgendwelche Muster und rufen dann die Aufgestiegenen Meister oder Erzengel um sich Unterstützung zu bestellen. Und auch da gibt es so etwas wie eine Zentrale, in der alle Anfragen eingehen. Von dort werden immer Meister oder Erzengel delegiert, hinuntergeschickt bis in die irdische, feststoffliche Realität, die euch dann energetisch unterstützen, unsichtbar an eurer Seite stehen und euch vermitteln, was ihr noch zu lernen habt.

Andere irdische Personen arbeiten wieder auf einem anderen Gebiet mit den Aufgestiegenen Meistern und Erzengeln. Diese sind auf der Suche nach der absoluten Wahrheit. Sie saugen Wissen aus Büchern in sich hinein, sind voller Frust, wenn die Aussagen sich widersprechen, werfen Bücher an die Wand und beschweren sich bei den Aufgestiegenen Meistern oder Erzengeln! Sie wollen es ganz genau wissen und alle Hintergründe erforschen! Das sind die Neugierigen, die Medialen und Channelmedien!

Darüber hinaus gibt es noch andere Sparten: Da gibt es einen Verbund der Heiler. Sie beschäftigen sich auch sehr stark mit Ursachenforschung, zum Beispiel was euch ein bestimmtes Symptom in eurem Leben eröffnen möchte. Da gilt es die Parallelen zu euren Eigenarten zu erkennen. Sie vermitteln außerdem Kräuter-, Vitamin-, und Mineralienwissen – den Umgang mit natürlichen Heilverfahren. Das Ganze wird auch auf der Traumebene unterrichtet und zwar nicht nur die Heilung sondern alle Bereiche.

Nun, und dann gibt es noch den Bereich, der sinngemäß für Notfälle zuständig ist. Dort geht es ziemlich turbulent zu, meine Lieben. Dahin kommen die Anfragen von Menschen, die keine Hoffnung mehr haben, lebensmüde sind oder in einer Gefahrensituation stecken. Häufig gehen diese Aufträge auch über das Hohe Selbst ein. Zimmern wir ein Beispiel:

Ein Hohes Selbst meldet sich und sagt: „Eins meiner Kinder ist gerade in dem Stadium, wo es eine Verbrecherkarriere durchläuft. Es ist eben aus dem Gefängnis ausgebrochen und sucht ein neues Opfer, was es überfallen und ausrauben will. Ich möchte euch Bescheid sagen, dass ihr doch bitte eine Mannschaft nach unten schickt, die dafür sorgt, dass mein Kind wieder eingesammelt wird und keinen allzu großen Schaden anrichtet." Und dann ist es so ähnlich, wie wenn eure Polizisten auf irdischer Ebene ausschwärmen. Es gibt da ein feinstoffliches Team, was sich zusammen mit dem Hohen Selbst nach unten begibt und vielleicht verschiedene Menschen abschottet, unsichtbar macht, sie animiert, in eine andere Richtung zu gehen oder euch einen Bodyguard mit beeindruckenden Muskeln an die Seite stellt, der nur für den Täter sichtbar ist.

Oder es gibt eine andere Anfrage bei der Zentrale:

Ein Hohes Selbst funkt hoch: „Eins meiner Kinder ist gerade lebensmüde. Es möchte sich die Pulsadern aufschneiden. Könntet ihr bitte ein Kommando schicken, was irdische Hilfe alarmiert oder auch Anrufe fingieren kann?"

Oder es hat ein Unfall stattgefunden, bei dem jemand so stark verletzt wurde, dass er eine Nahtodeserfahrung durchläuft. Auch da wird häufig dieses Team alarmiert, was dann aber eher im Hintergrund die Leitung übernimmt. An vorderster Front wirken meist die Hohen Selbste – auch die der Angehörigen – zusammen mit verstorbenen Verwandten der verletzten Person, damit die Betroffenen mit dieser Situation leichter umgehen können und Unterstützung bei anstehenden Entscheidungen haben.

Meine Lieben, wir können euch versichern, wenn dieser Inkarnationszyklus zu Ende ist und ihr arbeitet eines Tages bei den Aufgestiegenen Meistern – es wird nicht langweilig! Ihr habt dann schon eure Phasen, wo ihr euch zurückzieht und sinngemäß Freizeit habt, aber es gibt auch Einsätze und Betreuungsaufgaben. Und ihr werdet die betreuen, die früher bei Entwicklungsthemen absolut resistent waren!

Gut, meine Lieben, das ist das, was wir euch als Bild vermitteln wollten von den Aufgestiegenen Meistern und Erzengeln. Wir arbeiten sehr, sehr eng zusammen und wenn euer Inkarnationszyklus zu Ende ist, dann wird es irgendwann eure Aufgabe sein uns zu ersetzen.

Frage:
Ich träume ab und zu von Schulsituationen. Meistens hat es mit meiner vergangenen Abiturklasse zu tun. Ich habe gehört oder gelesen, dass dies oft auch ein Anzeichen ist, dass man im feinstofflichen Bereich Unterricht erhält. Und da wollte ich dich fragen, ob das so ist und wenn ja, was ich denn da in dieser Schule lerne?

Kuthumi
Es ist so, meine Liebe, ihr alle besucht nachts im Traum auf der feinstofflichen Ebene Kurse. Da gibt es eine feinstoffliche Schulstadt, die vor allen von den Seelen frequentiert wird, die in den Meisterjahren sind.

Es kommen auch mal frühere Seelenalter. Aber für gewöhnlich sind sie an anderen Dingen interessiert – nicht so sehr an Entwicklung. Sie möchten Inspiration auf künstlerischem Gebiet, sind Musiker, Schriftsteller, Bildhauer und Maler und haben die Absicht berühmt zu werden. Auch die kommen gelegentlich.

Nun, du bist in den Meisterjahren! Das bedeutet, du arbeitest sehr intensiv an dir selbst! In diesem jenseitigen Bereich werden jede Menge Kurse angeboten. Das könnten Kurse sein über gesunde Ernährung, über Bachblüten oder auch: Wie ich das Opfer-/Kämpferspiel in mir erkenne? Wie kann ich meine Medialität entdecken und fördern? Und es gibt noch eine ganze Reihe anderer Kurse über wirklich jedes Thema.

Diese Kurse werden zum Teil von Aufgestiegenen Meistern und Erzen-

geln gehalten, aber auch von Alten Seelen und Hohen Selbsten, die über
sehr viel Erfahrung im Dualen Universum verfügen.

Und wenn es um Entwicklungsthemen geht, dann seid ihr auf der
Traumebene sehr offen und mitteilsam über eure Probleme. Auf der Erde
versteckt ihr oftmals eure Depressionen oder Ängste vor anderen. Auf der
Traumebene seid ihr viel offener und schämt euch auch nicht.

Für gewöhnlich haben diese Kurse den Effekt, dass ihr euch danach
auch auf irdischer Ebene nach Seminaren umschaut. Ebenso bekommt ihr
Anregungen für Bücher, die euch voranbringen. Du tauschst dich aus mit
anderen Kursteilnehmern – Seelen, die ebenfalls die Traumebene besuchen.
Es geht dann allmählich über in die physische Ebene.

Es wird im feinstofflichen Bereich ein großes Potenzial an Wissen angeboten und dieses gibt es mit zeitlicher Verzögerung sinngemäß auch auf der
irdischen Ebene.

Es gibt also Schulungsleiter auf der irdischen Ebene, die vorher hier im
feinstofflichen Bereich ihrerseits Kurse besucht haben und die dann in ihrer
Entwicklung ein gewisses Stück vorangekommen sind, um dann ihrerseits
Kurse auf der Erde geben zu können. Und so kommt ihr letztendlich zu
euren irdischen Seminaren.

Frage:
Ich hatte gern die Namen von den zwölf Meistern des Lichtes! Und vielleicht
kannst du mir noch etwas über die Bedeutung der Namen sagen?

Kuthumi
Du möchtest die Namen der Aufgestiegenen Meister? Ist das richtig?

Antwort:
Sind die Aufgestiegenen Meister und die zwölf Meister des Lichtes identisch?

Kuthumi
Ja. Es ist so, meine Liebe, die Aufgestiegenen Meister oder auch die Erzengel
werden bei euch in den Industrieländern mit bestimmten Namen gerufen.
Da gibt es zum Beispiel Erzengel Michael, Raphael, da gibt es Meister Saint
Germain, als Beispiel. Damit könnt ihr in Europa, in Amerika und in ver-

schiedenen anderen Gegenden etwas anfangen.

Wenn du jetzt zum Beispiel deine Abschlussinkarnation in Indien machst oder auch in Afrika, dann benutzt du andere Namen. Wenn du deine Abschlussinkarnation in Atlantis hattest, sind dir wieder andere Namen geläufig. Wenn du auf dem Sirius inkarnierst und in den Meisterjahren bist, kennst du noch einmal andere Bezeichnungen für die Meister und Erzengel.

Es ist so, meine Liebe, es kommt nicht so sehr auf den Namen an. Der Name ist nur ein Etikett. Wenn du dich an die Meister des Lichtes wendest, landest du im Endeffekt bei den Aufgestiegenen Meistern – egal wie du sie nennst!

Frage:
Ich wollte gerne wissen, wenn die Aufgestiegenen Meister und Erzengel zusammensitzen und eine Besprechung haben, kommt es da auch vor, dass da Gott dabeisitzt? Und könnt ihr mit ihm sprechen? Wie ist das eigentlich?

Kuthumi
Gut, mein Lieber, wir sind alle göttlich und der Unterschied zwischen uns und euch ist der, dass es uns bewusst ist! Es gibt natürlich noch Wesenheiten, die über den Aufgestiegenen Meistern und Erzengeln angesiedelt sind. Es gibt zum Beispiel die Elohim. Das ist die nächste Entwicklungsstufe nach den Meistern und Erzengeln zur Göttliche Quelle hin. Und wenn die Aufgestiegenen Meister oder die Erzengel so etwas wie eine Supervision brauchen, dann gehen sie zu den Elohim. Sie betreuen uns, wenn wir nicht mehr weiter wissen.

Es gibt also die Göttliche Quelle, aber Gott ist in Allem. Alles was existiert, was lebt, was sich bewegt, was atmet, was wächst, ist göttlich! Auch auf der irdischen Ebene! Gott ist in allen Dingen, auch in den Steinen!

Frage:
Ich habe eine allgemeine Frage. Ich würde gerne wissen auf welche Art und Weise ihr aus euren Sphären uns Menschen wahrnehmt. Seht ihr uns als Farben oder als Muster? Und wenn ihr uns seht und wahrnehmt, wisst ihr dann alles über uns? Also, mich würde einfach die Art eurer Wahrnehmung von uns interessieren!

Kuthumi

Gut, meine Liebe, es ist so: Wir kennen euch an erster Stelle von der Traumebene, wenn ihr ein Schüler seid unter vielen. Wir wissen dann eher oberflächlich, woran ihr gerade arbeitet und welches eure persönlichen Konflikte und Herausforderungen sind. Aber spezieller können wir das auch abfragen über euer göttliches Hohes Selbst. Wir nehmen euch auf der Traumebene als ganz reale Wesenheiten wahr, die im Moment in einem Veränderungsprozess stecken.

Wenn ihr in eurem physischen Körper seid und uns ruft, dann nehmen wir euch auch wahr. Und der grüne Strahl der Heilung hat noch die Möglichkeit euer Energiefeld zu lesen und euren Gesundheitszustand anhand der Energiestrahlung wahrzunehmen. Wir wissen dann auch, diese Person kennen wir aus dem feinstofflichen Bereich. In manchen Fällen kennt auch ihr Aspekte der Aufgestiegenen Meister aus früheren Inkarnationen. Aber das hat bei unserer Arbeit mit euch keine Bedeutung mehr.

Es ist so, meine Liebe, wenn du jetzt einen Meister rufst und du möchtest an einem ganz bestimmten Problem arbeiten, dann gehen wir eine Verbindung ein über dein göttliches Hohes Selbst und versuchen dir dein Problem bewusst zu machen. Wir unterstützen deine innere Balance und regen einen Prozess der Selbsterkenntnis an. Aber das bedeutet nicht, dass wir in dem Moment, wo wir an dieser Sache arbeiten den Totalüberblick über deine sämtlichen Inkarnationen, über jede einzelne Lebenserfahrung und jede deiner „Schurkereien" im Inkarnationszyklus haben. Das ist nicht der Fall!

Es ist vielleicht vergleichbar, wenn du dich auf irdischer Ebene versuchst an deine frühen Jahre zu erinnern, dann hast du auch nur ein Bildfragment, welches dich mit einem anderen Kind und einem Spielzeug zeigt, aber detailliert an diesen Tag erinnern kannst du dich nicht! Du hast nicht den Totalüberblick. So ähnlich läuft es auch mit der Ausfilterung der Informationen bei unserer Hilfe. Was ist jetzt in diesem Augenblick zu tun und hilfreich zu wissen und was ist unwesentlich? Für das heutige Problem ist es beispielsweise unwichtig, ob du deine erste Inkarnation auf der Erde hattest oder auf einem anderen Planeten.

Frage:
Bevor ich hierher gekommen bin hat mir eine Person gesagt, sie sieht die Arbeit

mit Aufgestiegenen Meistern sehr kritisch, weil sie den Begriff Meister als eine Überheblichkeit deutet. Ein wahrer Meister nennt sich nicht so! Denn wir seien schließlich alle aus der gleichen Quelle und daher alle gleich. Die Aussage hat mich dann doch etwas verunsichert und dazu hätte ich doch gern eure Meinung gehört?

Kuthumi

Nun, mein Lieber, prinzipiell ist es nicht wichtig einen Meister, Meister zu nennen! An erster Stelle geht es darum, dass ihr die Aussagen und Unterstützungen, die ihr empfangt oder auch lest, kritisch betrachtet und auf ihren Wahrheitsgehalt prüft. Das ist das Wichtigste! Es geht nicht darum, einen Meister oder Erzengel auf einen Sockel zu erheben oder ihm mit Unterwürfigkeit zu begegnen. Darum geht es nicht! Und es ist absolute Vorsicht geboten, wenn euch jemand mit Verboten oder freiheitseinschränkenden Verhaltensvorschriften kommt. Da hat deine Bekannte recht!

Wir könnten uns auch folgendermaßen melden: „Hier ist der gelbe Strahl, der gelbe Strahl der Leichtigkeit, der Göttlichkeit, der Sonne, der Freude und der Begeisterung, des spirituellen Wissens und wir sind gekommen um Botschaften zu vermitteln!"

Mein Lieber, die Energie eines Meisters oder eines Erzengels ist von eurer Warte aus betrachtet nur einen Schritt weiter entwickelt als ihr es momentan seid. Es gibt da keinen großen Unterschied, denn ihr seid Anwärter für die Aufgestiegenen Meister und aus diesem Grund seid ihr in den Meisterjahren. Das beinhaltet nur, dass ihr eine Prüfung ablegt, die wir vor euch bestanden haben. Eines Tages werdet ihr uns ersetzen!

Wichtig ist nicht, welches Etikett irgendwo dran hängt. Weitaus wichtiger ist der Inhalt! Fühlt sich das, was ihr empfangt wie eine erhöhte Energie an? Ist es hilfreich? Bringt es euch voran? Das sind die Fragen, die ihr beachten solltet! Oder kommt da jemand mit einem Korsett? Seid euch gewiss, dass ihr es früher oder später – je nach persönlichem Karma – bemerken werdet!

Göttliche Quelle und Akashachronik

Frage:
So wie ich das verstanden habe, ist unser Ziel immer zur Quelle zurückzukommen. Wir verlassen die Quelle um Erfahrungen zu sammeln und uns weiterzuentwickeln. Dann durchlaufen wir einen langen Weg um wieder zurückzukommen. Und dann fängt das Ganze vermutlich wieder von vorne an. Ist der Sinn des Seins oder wie immer ich das beschreiben soll, die permanente Weiterentwicklung? Hört das nie auf? Ist alles im Fluss? Gibt es kein Ziel, kein Ende oder irgendetwas, was man vielleicht eine ewige Glückseligkeit nennen könnte?

Konfuzius
Das erlebst du in der Göttlichen Quelle, diesen Zustand der Glückseligkeit, der Vollkommenheit, des absoluten Friedens, der Ruhe und Geborgenheit in einer Intensität, wie sich das mit irdischen Worten nur schwer beschreiben lässt. Manchmal erlebt ihr einen Hauch von dieser Göttlichen Quelle. Einen Hauch, wenn ihr spürt, dass ihr verbunden seid und bedingungslos geliebt werdet, angenommen und gesegnet seid! Dann habt ihr einen Vorgeschmack, wie es sich anfühlt mit der Göttlichen Quelle verbunden zu sein!

Wenn du in der Göttlichen Quelle bist, wirst du diese Zustände vollkommen erleben. Aber Lebendigkeit ist etwas Unstetes — etwas, was nach Erfahrung strebt, was sucht! Ein immerwährender Aufenthalt in der Göttlichen Quelle wäre möglicherweise irgendwann langweilig. Aber wir können dir versichern, niemand wirft dich dort raus! Du kannst so lange bleiben, wie du möchtest und kannst diesen Zustand genießen.

Aber irgendwann zieht es dich zu neuen Erfahrungen. Wie diese dann aussehen und was du wählst, ob du dich noch einmal auf den Weg machst als Individuum oder noch einmal ein androgynes Sein wählst und vielleicht ins Duale Universum gehst und dir sagst: dieses Mal möchte ich die Position des Hohen Selbstes erleben und von oben das Ganze überschauen. Das ist unterschiedlich! Es gibt verschiedene Möglichkeiten!

Deine Seele sehnt sich nach einer Veränderung und das kannst du fühlen! Und immer, wenn du diesen Wunsch nach Veränderung fühlst, dann ist die Zeit für etwas Altes, was du ausgiebig genossen hast, vorüber! Sie geht dem Ende zu und das, was du jetzt empfindest in Bezug zu Inkarnationen im Dualen Universum, das könntest du eines Tages auch beim Aufenthalt in der Quelle empfinden.

Frage:
Ihr sagt, die Akashachronik oder auch das Hologrammkino ist der Urfilm und das Urgeschehen. Meine Frage: Waren die Filme oder Ereignisse da schon von Anfang an drin, oder wurden die Filme erst durch das Erleben und das Erfahren der ersten Seelen erschaffen?

Kuthumi
Meine Lieben, die Akashachronik erschafft sich selbst beim ersten Durchlauf eines Planeten durch die Zeitschleife. Wir werden versuchen das klarer auszudrücken! Nehmen wir den Planeten Erde:

Der Planet Erde dreht sich um sich selbst und dreht sich um die Sonne. Des Weiteren reist er in einem größeren Zyklus durch dieses Universum und vollendet dabei einen Kreis, und er ist nach ca. 26.000 Jahren wieder annähernd an derselben Stelle. Diese 26.000 Jahre entsprechen der Akashachronik der Erde.

In diesen ersten 26.000 Jahren wurde von den Menschen, die damals inkarniert waren, ein Programm geschrieben. Alle Ereignisse, die damals stattgefunden haben, wurden von vielen Milliarden Menschen durchgespielt und gleichzeitig eingespeist in ein göttliches Erinnerungsmodul des Planeten. Das ist das Ur-Programm!

Wie wir bereits an anderer Stelle berichtet haben, existiert die Erde in vielen Zeitebenen – es gibt also viele Erden, die durch die Zeitbahn wandern und euch Zeiten und Ereignisse zur Inkarnation bieten. Diese wiederum ergeben die Akashachronik des Planeten Erde! Und wenn ihr im jenseitigen Bereich seid, geht ihr ins Hologramm-Kino und surft in den Chroniken der Erde, um euch ein neues Leben auszuwählen. Aber da ihr einen freien Willen besitzt, könnt ihr entscheiden; nehme ich Weg eins, zwei oder drei?

112

Und da ihr das alle tut, ergeben sich viele abgewandelte Zeitfilme, die aber trotzdem an den Urfilm erinnern!

Immer, wenn dieser Zyklus vollendet ist, dann beginnt er entweder wieder von vorn oder der Planet steigt auf in eine feinere Ebene und steht im Austausch mit der Göttlichen Quelle.

Meine Lieben, so, wie ihr als irdische Menschen ein Leben hinter euch bringt, als Seelen einen Inkarnationszyklus vollendet, dieses Duale Universum betretet und nach vielen, vielen Leben wieder hinausgeht, so steht auch das Bewusstsein von Planeten in einem vergleichbaren Rhythmus des Austausches.

Perfektes Timing und göttliche Planung

Konfuzius

Wenn ihr euer Leben rückblickend betrachtet, dann werdet ihr wahrnehmen, dass eure Lebensplanung nach einem optimalen Zeitplan verläuft. Wenn ihr danach Ausschau haltet, dann werdet ihr feststellen, dass sich bestimmte Ereignisse mit einer geradezu göttlichen Präzision aneinander reihen. Ihr hattet genau in der Woche frei, als euer Sohn mit hohem Fieber im Bett lag, so dass ihr ihm Wadenwickel machen konntet. Oder euer klappriges Auto schafft genau in dem Moment die TÜV-Prüfung nicht mehr, als euch eine Lebensversicherung ausgezahlt wird. Auch in den alltäglichen Dingen steckt manchmal die Genialität: Ihr liegt exakt in dem Augenblick in der Badewanne, als der Staubsaugervertreter klingelt, den ihr ohnehin nicht treffen wolltet!

Wenn ihr euch das betrachtet, dann findet ihr tausend Hinweise in eurem Leben, dass alles einem durchdachten, intelligenten Plan folgt!

Meine Lieben, und all das, dieses perfekte Timing, so möchten wir es einmal nennen, das gestaltet ihr in Absprache mit euren Lieben nachts auf der Traumebene! Ihr trefft euch dort und plant gemeinsam eure Zukunft. Ihr trefft Verabredungen und Absprachen als erstes nachts im Traum und erst dann setzt es sich um auf der irdischen Ebene. Auf der Traumebene seid ihr auch sehr offen und mitteilungsbedürftig, was eure persönlichen Blockaden und Entwicklungsschritte angeht. Im Irdischen haltet ihr manchmal mit peinlichen Themen wie Angstzuständen oder Depressionen hinterm Berg. Das tut ihr auf der Traumebene nicht! Und selbst die Ereignisse, die sich in eurem Leben als überraschend ankündigen, auch bei denen wart ihr bei der Planung dabei! Alles, was euch widerfährt, ist geplant – auch das Unangenehme. Ihr seid auf der Traumebene perfekte Lebensplaner und wenn ihr eure Aufmerksamkeit darauf ausrichtet, werdet ihr auch erkennen, dass das stimmt!

Nun kann es in eurem Leben vorkommen, dass da etwas stattgefunden hat, was ihr als absolutes Drama erlebt habt – der Albtraum schlechthin. Alles, was vorher euer Leben ausgemacht hat, gerät schlagartig aus den

Fugen. Und ihr denkt vielleicht: „Nun darauf bin ich weder vorbereitet worden, noch hätte ich meine Zustimmung zu dieser Tragödie gegeben!"

Gut, jeder Mensch hat einen freien Willen und es liegt nicht in eurer Macht die Pläne eines anderen zu durchkreuzen! Ihr könnt versuchen, ihn abzubringen und das werdet ihr auch auf der Traumebene bis zu einem gewissen Grad verfolgen, aber letztendlich achtet ihr jede Entscheidung – auch wenn sie viel Leid und Kummer in euer Leben bringt. Und es sind genau die furchtbaren Ereignisse, die euch wachrütteln und die Möglichkeit zu riesigen Entwicklungsschritten eröffnen. Ihr spürt dann auch, dass ihr unter besonderer göttlicher Hilfe steht und wie ein Automat notwendige Entscheidungen trefft. Ihr seid in diesem Moment mit einer Kraft gesegnet, die über alles Menschliche hinausreicht. Und auch wenn ihr in dieser Situation nicht wisst, wie euch geschieht, so werdet ihr Jahre später entdecken, dass es genau das war, was euch zu mehr Liebe, mehr Achtung, zu Gott und zu eurer eigenen Seele geführt hat!

Und wir können euch versichern, euer Verstand hätte euer Erwachen niemals so perfekt gestalten können!

Gut, kommen wir noch einmal zum Thema „Perfektes Timing" zurück:

Manchmal können wir beobachten, dass ihr durchs Leben hetzt, dass ihr euch Pflichten aufbürdet und am Ächzen und Stöhnen seid über all das. Was glaubt ihr denn euch beweisen zu müssen? Ist es euer Perfektionismus, der euch da antreibt? Wessen Anerkennung möchtet ihr euch damit verdienen? Nun, meine Lieben, verhalten sich so Schöpfergötter?

Beobachtet euch selbst und wenn ihr spürt, dass ihr durchs Leben hetzt, dass ihr euch wieder selbst antreibt und unter Druck setzt, dann fragt euch, was denn geschehen würde, wenn ihr jetzt eine Pause einlegt, wenn ihr euch jetzt in einen friedvollen, harmonischen Zustand versetzen würdet. Glaubt ihr wirklich, dass dann die ganze Welt zusammenbräche?

Meine Lieben, ihr seid diejenigen, die lernen dürfen für sich selbst einzustehen und zu sorgen. Wenn ihr in einem positiven, friedvollen, selbstzufriedenen inneren Zustand seid, dann strahlt ihr, seid ihr empfänglich und es läuft alles wie von selbst. Vertraut eurer eigenen inneren Führung! Sie weiß, wann eine Angelegenheit reif ist! Wann der Zeitpunkt für eine Veränderung günstig ist! Zuweilen beobachten wir, dass ihr Entscheidungen forcieren möchtet. Und das vor dem richtigen Zeitpunkt! Ihr setzt euch dann selbst unter Druck oder drängt einen anderen zur Entscheidung. Bei diesem Vorgehen erzeugt ihr in euch selbst Unruhe, Unzufriedenheit und Stress!

Beachtet, was ihr in euch erschafft!

Und falls ihr die bisherige Genialität eurer Lebensplanung erkennen könnt, vielleicht könntet ihr dann auch den Gedanken zulassen, dass ihr von Energien erfüllt und umgeben seid, die grundsätzlich euer Bestes wollen!

Frage:
Ich habe mal gelesen, dass sich die Entwicklung auf der Erde auch positiv auf das Jenseits auswirkt. Gibt es da eine Möglichkeit das etwas konkreter zu erklären, ob das überhaupt so ist oder nicht?

Konfuzius

Nun, meine Lieben, das ist aus unserer Sicht nicht ganz korrekt! Es ist genau umgekehrt! Die Entwicklungsschritte, die ihr im Feinstofflichen vollzieht, wirken sich nachträglich in der Physis aus. In einem physischen Körper seid ihr immer konfrontiert mit einem gewissen Vergessen und mit einer bestimmten Einschränkung, die ihr im feinstofflichen Bereich nicht habt. Ihr seid an erster Stelle geistige Wesen und erst danach seid ihr Menschen geworden!

Wir können nicht bestätigen, dass sich der jenseitige Bereich durch die Entwicklung der Erde vorwärtsentwickelt. Aus unserer Sicht ist es eher umgekehrt. Genauso wie ihr sämtliche irdische Veränderungen, alles was ihr anstrebt, was ihr plant erst einmal im Geistigen entwickelt.

Angenommen, ihr habt die Vorstellung, ihr möchtet in einem eigenen Haus leben. Nun, solange das nur eine Idee ist oder auch überhaupt noch keine Idee, wird es sich nicht realisieren. Das erste, was ihr habt, ist die Idee von einem Haus – der Wunsch nach den eigenen vier Wänden. Damit wird etwas geboren und es ist zuerst im Geistigen da und danach kommen die Auswirkungen in der Physis. Ihr werdet dann Schritte unternehmen, die diese Idee realisieren und sie für euch erfahrbar auf die Erde bringen. So verhält sich das mit der Vorgehensweise!

Euer Einfluss auf die Zeit

Kuthumi

Der Einfluss der Schwingungserhöhung auf euer Zeitbewusstsein:

Meine Lieben, es hat den Anschein als ob eure Zeit immer rascher vergeht, vor allen Dingen in den Wintermonaten, wenn die Tage ohnehin kurz sind. Ihr beobachtet momentan zwei Phänome, die mit Zeit zu tun haben. Einmal staunt ihr darüber, wie viel Zeit eine bestimmte Tätigkeit in Anspruch genommen hat, wie spät es schon wieder ist! Auf der anderen Seite gibt es auch die gegenteilige Erfahrung. Ihr montiert etwas und tut dies leicht und mühelos. Anschließend schaut ihr auf die Uhr und wundert euch, dass nicht einmal fünf Minuten vergangen sind. Auch bei vergangenen Erlebnissen unterliegt euer Zeitgefühl häufig einer Täuschung – ein Beispiel: Ihr wart vor 14 Tagen mit einer Freundin in einem Musical. Nach dieser Zeit telefoniert ihr und erzählt euch, was sich in der Zwischenzeit alles in eurem Leben abgespielt hat und ihr habt das Gefühl, das dieser Musicalbesuch mindestens zwei Monate zurückliegt. Mit anderen Worten: Eure persönliche Erfahrung mit Zeit kann sehr variieren!

Nun, ihr seid göttliche Wesen und der Faktor Zeit spielt in eurem Empfinden eine Rolle. Ihr sprecht von Zeitempfinden und meint damit, dass ihr ein Gespür für die Länge einer Stunde besitzt oder dass ihr im Garten die Uhrzeit ziemlich präzise schätzen könnt.

Aber wisst ihr auch, wie groß euer Einfluss auf die Zeit tatsächlich ist? Mit Zeit könnt ihr spielen! Eure Schöpfermacht kann einen Vormittag langsam oder schnell vergehen lassen. Ihr habt die Fähigkeit die Zeit zu dehnen oder zu schrumpfen. Das bedeutet nun nicht, dass sich die Zeiger eurer Uhr tatsächlich langsamer drehen, es ist eher so, dass ihr Einfluss auf eure persönliche Zeitwahrnehmung habt!

Angenommen, ihr hättet an einem Vormittag unglaublich viele Aufgaben zu erledigen, dann könntet ihr Folgendes testen:

Konzentriert euch auf das Zifferblatt eurer Uhr und stellt euch vor, wie die Vormittagsstunden voluminöser werden, so als würde dieser Bereich unter einer Lupe vergrößert und dann sendet aus: „Ich dehne die Zeit!"

Und dann arbeitet in Ruhe und Gelassenheit einen Punkt nach dem anderen von eurer Erledigungsliste ab. Und probiert aus was passiert! Vielleicht werdet ihr ein Wunder erleben!

Frage:
Wenn wir Schöpfer der Zeit sind, können wir dann unsere Zellen so programmieren, dass sie langsamer altern?

Kuthumi

Bis zu einem gewissen Grad könnt ihr das! Es funktioniert auch vollautomatisch: Wenn eine Person in ihrer Entwicklung vorangeschritten ist, dann legt sie auch Wert auf Gelassenheit, innere Einkehr und eine bewusste, selbstverantwortliche Lebensplanung und die daraus resultierende innere Ruhe wird dafür sorgen, dass sie langsamer altert.

Meine Lieben, vielleicht könnt ihr euch zurück entsinnen an eure Kindheit: Da gab es Nachbarn, die waren 40 oder 50 Jahre alt und sahen richtig alt aus. Natürlich gab es damals nur wenige, die sich die Haare färbten, aber im Großen und Ganzen seht ihr heute jünger aus. Ihr pflegt euch, ihr benutzt Kosmetika, ihr treibt Sport, ernährt euch gesund und das alles ist von Bedeutung!

Ihr habt einen Einfluss auf eure Gesundheit, auf das Tempo mit dem ihr älter werdet und wichtig ist dabei auch, dass ihr mit Ruhe und Gelassenheit lebt und euch regelmäßig entspannt. Wenn ihr euch aber abhetzt und in Stress versetzt, dann bewirkt ihr damit genau das Gegenteil. Ihr werdet diesen Alterungsprozess beschleunigen!

Prinzipiell habt ihr mit eurer Lebensweise Einfluss auf die Geschwindigkeit des Alterungsprozesses, ihr könnt ihn nicht umkehren oder ganz aussetzen, das funktioniert nicht! Ihr könnt langsamer altern und gesund, geistig rege und körperlich fit alt werden. Und ihr könnt dies aufrechterhalten bis zu dem Tag, an dem ihr diese irdische Ebene verlasst. Auch diese Möglichkeit besteht!

Kunterbunte Themen

Steine energetisch laden

Frage:
Ich habe mir mehrere schöne große Steine angeschafft einen Rosenquarz, einen Amethyst und einen Bergkristall. Habt ihr einen Tipp, wie ich sie pflegen, laden und reinigen könnte?

Konfuzius

Wenn du sie in einem normalen Geschäft gekauft hast, sind sie wahrscheinlich latent schlafend. Das bedeutet, dass sie nicht aktiviert wurden! In verschiedenen Fachgeschäften und bei Steinhändlern bekommst du aktivierte Steine. Die Aktivierung stärkt ihre Ausstrahlung!

Die Energie in schlafenden Steinen strahlt von selbst nicht so, wie es sein könnte! Sind sie dagegen verbunden mit der Göttlichen Quelle, können sie euch viel wirkungsvoller unterstützen!

Natürlich könnt ihr diese Aktivierung auch selbst vornehmen:

Nehmt jeden einzelnen Stein in die Hand, begrüßt ihn und heißt ihn willkommen in euren Räumen und dann verbindet ihn mit der Göttlichen Quelle.

Hier eine Anleitung:

Legt eine Hand auf den Stein und streckt den anderen Arm zum Himmel aus, visualisiert mit geschlossenen Augen eine Antenne, die zum Himmel führt und verbindet die Spitze mit einem Regenbogen, der Sonne oder auch mit einer kosmischen Lichtstadt. Je nachdem, welches Bild euch besser gefällt! Und sagt: „Ich verbinde dich mit der höchsten, göttlichen Ebene! Bitte um Aktivierung und das Verströmen deiner Energie in meinen Räumen zum höchsten Wohl aller, die hier leben und ein und ausgehen!" Dann wird dieser Stein aktiviert und verstrahlt seine Energie.

So eine Aktivierung hält gewöhnlich für 6 Monate, danach wäre es günstig, wenn ihr den Stein 6 Monate ruhen lasst und jeweils im Wechsel mit anderen Steinen aktiviert.

Bei Ketten oder bei kleinen Steinen, die ihr am Körper tragt, geschieht die Aktivierung häufig durch eure Körperwärme. Der Stein verstrahlt dann seine Eigenenergie – das bedeutet aber nicht, dass der Stein auch verbunden ist! Die Verbindung könnt ihr genauso herstellen, wie oben beschrieben. Vielleicht mit der Bemerkung: „Verströme deine Unterstützung in mein Energiefeld." Das aktiviert den Stein und ihr spürt dann auch die Präsenz deutlicher als vorher. Probiert es einfach aus!

Teleportation

Frage:
Ich habe eine Frage zum Thema Teleportation. Ist so etwas zurzeit möglich ins Paralleluniversum?

Kuthumi
Meine Lieben, ihr könntet nachts von der Traumebene aus mit euren feinstofflichen Körpern ins Paralleluniversum reisen. Das wäre möglich! Aber ihr seid dann Zuschauer und könnt nicht in das Geschehen eingreifen. Weil dieser Ort gegenüber eurem feinstofflichen Traumkörper eine physische Schwingung hat. In der Wirkungsweise ist es dasselbe wie eine andere Zeitebene. Viele von euch sind mit den dortigen Gegebenheiten vor dieser Inkarnation vertraut gemacht worden. Ihr werdet vorbereitet auf das, was im Leben auf euch zukommt!

Nun zum Thema Teleportation: Also das Bewegen von Körpern oder Gegenständen durch Entmaterialisieren an einen anderen Ort! Es ist demnach Reisen ohne Vehikel! Nach Amerika zum Kaffeetrinken und nach zwei Stunden zurück sein!

Ja, es wird in absehbarer Zeit, das heißt in einigen Jahren, ein Gerät geben, welches zur Verschickung von materiellen Gegenständen – fester Materie benutzt werden kann. So wie ihr jetzt eure Pakete zur Post tragt, sie dort abgebt und diese mit einem LKW oder einem anderen Transportmittel durch die Gegend gefahren werden, so wird es in einigen Jahren ein Gerät geben, das ein Paket entmaterialisiert und am Empfangsort wieder materialisiert.

Es funktioniert dann so ähnlich wie heute mit euren E-Mails, den Faxen und allen Nachrichten, die ihr über Funkwellen vertreibt. Nur, dass es dann Gegenstände sein werden, zum Beispiel Pakete. Und das ist der Anfang der Teleportation! Aber bis ihr als Menschen diese Reise antreten werdet, das wird noch einmal einige Zeit in Anspruch nehmen.

Gut, wir werden versuchen, das noch etwas genauer auszuführen: Teleportation ist eine Fortbewegungsform, die im feinstofflichen Bereich absolut normal ist! Jeder von euch tut es und kennt es! Vielleicht erinnert ihr euch an Flugträume – das ist Teleportation auf langsame Weise. Aber es geht auch schneller: Euer Seelenkörper kann im feinstofflichen Bereich mit Lichtgeschwindigkeit reisen. Das heißt, eure Seele faltet sich zusammen zu einer Kugel, die durchs All fliegt und ein bestimmtes Ziel im Auge hat, z.B.: Eine befreundete Seele besuchen, die gerade auf Antarius lebt. Am Zielort entfaltet ihr euch wieder und steht vor dem Haus, in dem euer Freund lebt. Das ist Teleportation!

Erinnert ihr euch, was wir euch über das Betreten eines Planeten ohne zu inkarnieren – ohne Bauchnabel – erzählt haben? Wenn die Schwingung der Erde im Paralleluniversum eine bestimmte Frequenz erreicht hat – so dass Geistwesen sichtbar werden, dann rückt die Teleportation in Reichweite!

Das Jungfernhäutchen

Konfuzius

Meine Lieben, dieses Duale Universum hat auch seine Reize. Irgendwann mal vor langer, langer Zeit, wart ihr ein gelangweilter Schöpfergott, der zwar sehr gut materialisieren konnte, aber sich gewünscht hat: Ich möchte eine neue Erfahrung machen mit Spannung, Spiel und Begeisterung! Das war die Energie, die euch angezogen hat zum Dualen Universum. Nun seid ihr hier und dürft besondere Erfahrungen sammeln. Da gibt es Rollenspiele, verschiedene Planeten zum Inkarnieren und ihr wählt euch das aus, was euch gerade begeistert und eurer Entwicklungsstufe entspricht.

Es hat sogar von eurer Seite aus Bestellungen bei der Göttlichen Quelle gegeben, dass ihr in diesem Spiel gerne etwas mehr Spannung und Pfiff hättet! Etwas, woran sich die Gemüter erhitzen und was den Spielplan mit

Emotionen auflädt! Die Antwort auf diese Bestellung war das Jungfernhäutchen! Ursprünglich hatten die weiblichen Bewohner dieses Universums keine derartige Ausstattung! Eine Frau war eine Frau und ein Mann war ein Mann. Es gab kein sichtbares Zeichen darüber, ob eine Frau sexuell erfahren oder unerfahren war!

Dieses Jungfernhäutchen erfüllt keinen biologischen Zweck. Es ist einzig dazu gekommen, um Leidenschaft und Spannung in dieses Spiel einfließen zu lassen! Und was hat es nicht alles verursacht: Schande, Verdammung, Unberührbarkeit und Duelle. Jedenfalls könnt ihr euch nicht beklagen, dass es nichts gebracht hätte!

Im Ursprung war es nicht vorgesehen! Aber es war euer Wunsch nach Spannung, der euch hierbei erfüllt wurde. Und wir können euch versichern, als damals der Vorschlag kam: „Wir könnten den Frauen ein Jungfernhäutchen geben!" Da habt ihr gesagt: „Was soll das schon bewirken? Man sieht es ja nicht einmal!" Aber dieses unsichtbare kleine Teil hat eine ganze Menge angestellt. Die Jungfräulichkeit war auf einmal wichtig! Und der Erste zu sein, der mit einer Frau sexuell zusammen ist, bekam auf einmal Bedeutung. Zuvor hat es niemanden sonderlich interessiert!
Da seht ihr, was ihr mit euren Bestellungen anstellt!

Antwort:
Sehr interessant! Ich kann es noch gar nicht fassen!

Künstliche Befruchtung

Frage:
Heute gibt es ja viele Paare, die mit der natürlichen Zeugung von Kindern Probleme haben und die durch künstliche Befruchtung Eltern werden. Wenn das gelingt, werden häufig Zwillinge geboren. Wirkt sich die künstliche Befruchtung auf die Seelen der Kinder aus?

Kuthumi
Gut, meine Lieben, dieses Phänomen tritt an erster Stelle in Industrieländern auf, die eine weitverbreitete Pharmaindustrie besitzen sowie ein ausgebautes

Wasserleitungssystem. Seit den 60-ziger Jahren gibt es die Antibabypille. Und wenn ein bestimmter Prozentsatz der Bevölkerung diese Medikamente einnimmt, geraten zeugungshemmende Substanzen durch Ausscheidung in den Wasserkreislauf. Es dauert Jahrzehnte bis sie so stark sind, dass sich Auswirkungen in Form von Kinderlosigkeit bemerkbar machen.

Nun, kommen wir zur künstlichen Befruchtung: Der künftigen Mutter werden im Labor einige unbefruchtete Eier entnommen und diese werden mit den aktivsten Spermien des künftigen Vaters befruchtet – das geschieht im Reagenzglas und nicht wie gewöhnlich in der Gebärmutter. Wer sich zu einer solchen Aktion entschließt, möchte wirklich ein Kind oder auch zwei. Häufig geht ein jahrelanges Warten und Hoffen voraus, was immer wieder enttäuscht wurde.

Und dieses Warten und Hoffen ist natürlich auch auf der Seelenebene bekannt. Und hier kommt die Seele des Kindes ins Spiel! Auch bei der Seele ist ein starker Wunsch nach Geborenwerden vorhanden und darüber hinaus ein Interesse an genau diesen Eltern! Bei künstlichen Befruchtungen werden im Schnitt drei befruchtete Eier in die Gebärmutter eingesetzt und es gibt in diesem Moment auch drei Verbindungen zu Seelen, die auf eine Inkarnation warten. Auf der Traumebene trefft ihr euch – die künftigen Eltern und die Seelen der Kinder – es ist auch bekannt, dass von diesen drei befruchteten Eiern häufig welche abgehen. Für gewöhnlich ist es so, dass die stärksten emotionalen Bindungen halten. Und diese Bindungen stammen aus früheren Begegnungen. Ihr kennt eure Kinder aus vergangenen Leben! Du fragst nach den Auswirkungen auf ihre Seelen: Die Seelen werden dadurch nicht beeinflusst oder verändert! Das Einzige, was sich über sie sagen lässt ist, dass sie ein sehr großes Interesse haben genau bei diesen Eltern zu landen!

Rauchen – die elektrische Zigarette

Konfuzius
Meine Lieben, wir würden gerne noch über ein anderes Thema sprechen: In eurer Gesellschaft gibt es noch viele Raucher und das Rauchen ist für viele Menschen ein Urritual aus der Zeit, als sie in Gruppen und sehr naturver-

bunden gelebt haben, zum Beispiel bei den Indianern oder anderen Urvöl-
kern. Ihr habt aus dieser Zeit Erinnerungen, dass Rauchen zu besonderen
Anlässen gehörte.

Da gab es zum Beispiel die Friedenspfeife, die eine Abmachung mit einer
anderen Menschengruppe krönte. Ihr habt euch damit gegenseitig versichert, dass ihr in Frieden mit den Absprachen seid und eure Ahnen dieses
bezeugen. Dann wurde in einer heiligen Zeremonie eine Friedenspfeife ge-
raucht.

Etwas ähnliches geschah, wenn ihr euch vom Mond bedingt an eure
Ahnen gewendet habt. Ungefähr im Abstand von zwei Wochen habt ihr regelmäßig eure verstorbenen Vorfahren kontaktiert und auch dieses geschah
per Rauchzeichen. Ihr habt dann den Rauch in den Himmel steigen lassen
und eure Bitten nach Unterstützung bei bestimmten Projekten hineingege-
ben. Das sind uralte Rituale, die manch einer noch in seiner Zellerinnerung
spürt.

Meine Lieben, die Erfindung der Zigarette ist erst ungefähr 100 Jahre
her. Zuvor gab es Pfeifen, Zigarren, Zigarillos und erst viel später die Zigarette. Und damit wurde das Rauchen industrialisiert! Die Indianer sind
damals nicht abhängig geworden, weil es für sie ein bestimmtes Ritual zur
Unterstützung war um in Kontakt zu kommen mit der geistigen Ebene.
Heute ist das Ganze etwas anders.

Meine Lieben, schaut in welchem Maße ihr raucht! Wir können euch
versichern, dass eine elektrische Zigarette gesundheitlich förderlicher ist –
vielleicht möchtet ihr das mal testen! Rauchen ist eine Begleiterscheinung
in der heutigen Zeit. Mit hoher Wahrscheinlichkeit wird in 100 Jahren auf
eurem Planeten kein Mensch mehr rauchen! Aber wenn ihr schon rauchen
möchtet oder nicht davon wegkommt, dann empfehlen wir euch die elektrische Zigarette. Sie verbrennt nicht sondern dampft – wie ihr das auch im
Haushalt von eurem Dampfbügeleisen kennt. Es ist eine deutliche Ent-
lastung eurer Atmungsorgane. Den meisten Rauchern fällt der Umstieg
darauf leicht und aus unserer Sicht, dürfte ein Umsteiger schon nach wenigen Wochen eine gesundheitliche Verbesserung spüren. Diese neue Zigarette ist im Moment auf eurem Planeten im Vormarsch, sie verbreitet sich
mit rasender Geschwindigkeit.

Und weil das Ganze so schnell geschieht, gibt es auch eine gewaltige Gegencampagne. Eine herkömmliche Zigarette – ein Billigprodukt – hat in manchen Ländern einen steuerlichen Aufschlag von 500 % – das ist ein Durchschnittswert und variiert je nach Nation. Was dabei herauskommt ist eine Milliardensumme, mit welcher euer Staat rechnet. Nun brechen deutlich spürbar die Raucher weg, die ganz einfach umsteigen auf die E-Zigarette und diese wird besteuert mit dem landesüblichen Tarif für Lebensmittel. Die Wahrscheinlichkeit, dass sich das ändert, ist groß.

Außerdem sind Statistiker beauftragt wurden, die dieses neue Produkt schlecht bewerten sollen und es wird nach Gesetzen gesucht, die diesen Vormarsch stoppen und die damit verbundene steuerliche Einbuße aufhalten sollen.

Aus diesem Grund noch einmal von uns der Hinweis: Die elektrische Zigarette ist eine sehr gute Erfindung! Und ihr könnt sie auch nutzen, um ganz vom Rauchen weg zu kommen!

Die Seelen der Tiere

Frage:
Meine Katze ist letzten Monat verstorben, das heißt sie war 20 Jahre alt und dann so krank, dass ich ihr beim Tierarzt eine Spritze geben ließ. Ich wollte gerne wissen, wie es ihrer Seele geht?

Kuthumi

Wir möchten dir mitteilen, dass dein Kater im jenseitigen Tier-Bereich ist. Ihm geht es gut. Er bedankt sich für die viele Arbeit, die du dir gemacht hast! Er ist sich bewusst, dass du ihn manchmal extra bekocht hast und dass es dir wichtig war ihn lange bei dir zu behalten. Aber er freut sich auch nach diesem langen irdischen Leben, dass seine Seele jetzt frei ist und er ist sehr froh, dass du keine weiteren lebensverlängernden Maßnahmen unternommen hast. Er hatte ein wenig Angst vor deiner Entscheidung, dass du vielleicht sagen könntest: Wir probieren noch diesen oder jenen Eingriff aus. Es ist für ihn eine Erleichterung, er ist glücklich, dort wo er jetzt ist!

Und manchmal – auch Katzen machen so etwas wie Bewusstseinsreisen – besucht er sein früheres Zuhause. Es könnte sein, dass du dann den Impuls wahrnimmst: Der Felix ist gerade da, er steht dort, wo früher sein Fressnapf war! Und in diesem Moment ist sein Energiefeld tatsächlich da, auch wenn du ihn nicht physisch wahrnehmen kannst. Du nimmst ihn dann anders wahr. Das läuft mehr über die Gefühle und Gedanken.

Auch gibt es für verstorbene Tiere noch eine zweite Möglichkeit, um sich bemerkbar zu machen: Zum Beispiel, wenn du auf der Terrasse bist oder draußen im Garten, dann könnte er sich mit dem Bewusstsein eines lebenden irdischen Tieres verbinden und er könnte dieses Tier animieren, dass es etwas vollführt, was deine Aufmerksamkeit erregt. Dieses Tier würde dann vollkommen seine Scheu verlieren und sich dir auf eine Weise nähern, die eher artuntypisch ist. Das könnte deine Katze auch bewirken.

Manchmal kommt dir in so einer Situation in den Sinn: Das ist eine Botschaft vom Felix! Und genauso ist es auch!

Frage:

Gibt es einen feinstofflichen Bereich, wo die verstorbenen Tiere zu Hause sind? Wie sieht es dort aus? Könnt ihr das beschreiben?

Kuthumi

Ja, meine Liebe, so wie es für Menschen einen jenseitigen Bereich gibt, in den ihr euch nach dem Tod begebt, so gibt es auch einen solchen Ort für Tiere. Die Tiere haben einen bewussten Zugang zur feinstofflichen Welt, weil sie sie auch zu ihren Lebzeiten sehen. Es ist für sie also keine Überraschung, dass sie eine Seele haben, denn sie beobachten andere Tiere beim Sterben und können wahrnehmen wie der Lichtkörper aufsteigt – ähnlich wie ein feiner Ballon. In Asien gibt es ein liebevolles Trauerritual, bei welchem Ballons zum Himmel steigen. Und so geschieht es mit allem, was beseelt ist!

Der feinstoffliche Teil dieses Tieres steigt hinauf ins Licht und kommt nach Hause. Es wird von anderen Tieren begrüßt und vielleicht auch von einem ehemaligen verstorbenen Besitzer besucht.

Diese Bereiche sind nicht voneinander abgeschirmt, und es gibt auch immer menschliche Besucher aus dem Jenseits, die sehr interessiert sind an der Oase der Tierseelen und dort ein- und ausgehen, ihre Haustiere besuchen, Studien treiben oder etwas wieder gut machen möchten.

Meine Liebe, deine Katze ist ins Licht gegangen. Sie kennt dort, wo sie jetzt ist, andere Tiere. Es ist eine friedvolle Ruhezone, in der jagen, fressen und gefressen werden, nicht mehr von Bedeutung ist. Sie erholt sich erst einmal eine zeitlang und dann hat sie die Wahl wieder geboren zu werden. Auch Tiere unterliegen der Reinkarnation. Und in diesem feinstofflichen Bereich können sie alle Arten und Tierkörper, in denen sie bereits Erfahrungen gesammelt haben, abrufen. Dein Kater könnte noch einmal eine Erfahrung als Katze wählen oder auch als Hund geboren werden oder als ein anderes Tier auf die Erde kommen.

Die Tiere tauschen sich untereinander aus. Sie haben eine Art Kommunikation, die ihr zuweilen auch auf irdischer Ebene beobachten könnt. Sie teilen sich ihre Erfahrungen in den verschiedenen tierischen Körpern mit und werden dabei neugierig auf andere Inkarnationsmöglichkeiten.

Frage:
Ich habe eine Frage zu den Tieren, die in Tierheimen oder in Tierzuchtanlagen ihr Leben verbringen? In welche Richtung wird sich das verändern?

Konfuzius

Was sich verändert ist eure Einstellung zu den Nutztieren. In den letzten 50 Jahren wurde eure Tierhaltung industrialisiert. Was zählte war nur noch der Gewinn. Manche Tiere verbringen ihr gesamtes Leben im Stall ohne jemals eine Wiese zu sehen. Zuweilen sind sie eingepfercht auf engstem Raum und bekommen Futter, welches mit Hormonen und Antibiotika versetzt ist. Das ist nicht artgemäß, und ihr werdet es verändern! Das ist auch genau der Grund für Seuchen und Massenepidemien. Wenn das irdische Dasein zu trist ist, verabschieden sie sich ins Jenseits.

Des Weiteren sprachst du von Tieren, die in Tierheimen untergebracht sind. Nun, genaugenommen ist das ein Phänomen eurer Zeit. Vor hundert Jahren oder auch im Mittelalter gab es viel mehr Tiere, die sich in der Nähe eines Bauernhofes draußen getummelt haben und so halbwild nebenan existierten. Gefüttert wurden nur die Tiere, die auf dem Bauernhof einen Nutzen erfüllten. Jetzt habt ihr angefangen euch um die Kätzchen zu kümmern, sie zu kastrieren und damit ihre Vermehrung zu kontrollieren. Das ist für sie eine Verbesserung, denn früher hatten sie wenig Kontakt zum Menschen und waren meist auf sich selbst gestellt. Sie wurden nicht gefüttert und haben stattdessen gejagt und sich selbst versorgt.

Heute hat auch hier der Konsum Einzug gehalten, es gibt unzählige Produkte, vom Tierfutter für jede Rasse bis zum Regenmantel für den Hund. Eure Lieblinge werden geimpft und verhätschelt. Die Waagschale hat sich hier zu Gunsten der Haustiere verschoben.

Es gibt dabei etwas, was wir euch ans Herz legen: Überlegt gut, ob ihr euch ein Haustier zulegt! Fragt euch vorher, ob ihr es artgerecht halten könnt, welchen Aufwand das bedeutet, ob ihr dafür überhaupt Zeit habt oder ob es nur eine vorübergehende Marotte ist?

Wir beobachten häufig, dass ein Haustier bereits 14 Tage nach der Anschaffung vernachlässigt wird, weil keiner mehr Lust hat Gassi zu gehen oder ihm die nötige Aufmerksamkeit zu widmen. Oder ihr versorgt es mit Widerwillen, wobei der Hund unterwegs einen Tritt bekommt, weil er nicht schnell genug sein Geschäft erledigt. Dann wäre es doch tausendmal besser, ihr hättet keinen Hund! Und dafür braucht ihr dann eure Tierheime, damit sie all die Tiere aufnehmen, die ihr euch unüberlegt angeschafft habt.

Nun, meine Lieben, irgendwann kommt ihr in den jenseitigen Bereich und ihr trefft eure geliebten Haustiere wieder, aber ihr werdet auch mit schlechtem Gewissen die Tiere aufsuchen, die ihr gequält, getötet und geschlagen habt.

Nun ist es so: Diese Tierheime sind oftmals auf Menschen angewiesen, die sie unterstützen, Leistungen erbringen oder sie fördern, damit sie sich über Wasser halten können. Dort bietet euch die irdische Ebene eine Möglichkeit euer Karma oder schlechtes Gewissen auszugleichen.

Aus unserer Sicht wird es so lange Tierheime geben, wie es Menschen gibt, die sich unüberlegt Tiere anschaffen!

Frage:
Angenommen, ich hätte auf irdischer Ebene ein Tier getötet. Hat das im Geistigen dann den Anstrich als ob ich ein Mörder sei? Entsteht aus so einer Handlung Karma?

Konfuzius
Es kommt auf den Grund und die Art und Weise des Tötens an! Wenn der Grund Nahrungsbeschaffung ist und du tötest das Tier schnell und gezielt, entsteht daraus kein Karma. Die Tiere und die Pflanzen haben sich bereit erklärt dem Menschen und einander als Nahrung zu dienen – da die physischen Begebenheiten nun einmal so sind!

Allerdings haben sich die Tiere und Pflanzen ausgebeten, dass ihr achtsam mit ihnen umgeht. Sie empfinden Schmerz ebenso wie ihr! Die Tiere spüren, wenn es zum Schlachthof geht, aber da sie um die Seele wissen, geht es ihnen in der Hauptsache um einen raschen Übergang.

Und solltet ihr euch daran ergötzen ein Tier leiden zu sehen, dann ist die Wahrscheinlichkeit des Karmas sehr hoch. Es gibt einige Menschen, denen es Freude bereitet, wenn sie Tiere oder auch schwächere Menschen quälen können. Manchmal verarbeiten sie dabei ihre eigene Unterdrückung und die Wut darüber. Aber eigenes Unglück ist keine Entschuldigung für gewaltsames Verhalten! Ihr erlebt das, was ihr anderen angetan habt, selbst! Und in einem bestimmten Entwicklungsstadium lernt ihr nur auf diese Art und Weise!

Frage:
Ich habe als Kind einer Spinne die Beine ausgerissen, mit welchem Karma muss ich da rechnen?

Konfuzius
Hast du es getan, um der Spinne Schmerz zu zufügen?

Antwort:
Nein, natürlich nicht! Ich wollte eher ein anderes Kind mit der Spinne erschrecken. Und dabei hat sie ihre Beine verloren.

Konfuzius
Das ist tragisch für die Spinne. Nein, das hat nichts mit Karma zu tun. Das gleicht ihr für gewöhnlich aus, indem ihr eure Haustiere liebevoll behandelt. Es ist erst dann Karma, wenn dir das Quälen Freude bereitet.

Frage:
Mit was muss ein Mensch rechnen, wenn er mit Freude Tiere gequält hat?

Konfuzius
Es kommt auf die Tragweite seiner Taten an. Im Extremfall kommt er durch Tiere zu Tode. Oder er wird durch einen Biss verletzt. Wobei nicht jedes Schnappen mit Karma zu tun hat! Wenn du jetzt ein Tier, das sich nicht wohl fühlt, ungeschickt berührst, wird es nach dir schnappen. Genauso gut bedeutet nicht jeder Klaps, den du deinem Hund aus erzieherischen Maßnahmen gibst, Karma. Es kommt auf die Energie in dir an. Tust du es, weil es dir Freude bereitet oder du deine angestaute Wut abreagieren willst? Ihr habt so etwas wie ein Gewissen und dein Gewissen sagt dir, ob du angemessen gehandelt hast. Wenn du dich für eine Handlung schämst, wirst du versuchen sie auszugleichen und damit ist es erledigt. Erst wenn du immer wieder etwas Widerwärtiges tust, worunter ein anderes Wesen – ob

nun Mensch oder Tier – leidet und diese Handlung soll möglichst niemand wissen, dann erschaffst du dir, wie bereits erwähnt, die „Zahn-um-Zahn-Lernphase" – das heißt Karma!

Antwort:
Danke! Das verstehe ich jetzt gut!

Frage:
Gibt es einen Unterschied im Bewusstsein von Menschen und Tieren? Und wenn sie der Reinkarnation unterliegen, könnten sie auch als Mensch geboren werden?

Kuthumi
Menschliches und tierisches Bewusstsein ist unterschiedlich strukturiert und ausgestattet. Wir möchten keine Bewertung hinein bringen über niedriger oder höher – es handelt sich schlicht um ein anderes Bewusstsein. Menschen haben komplizierte Denkmechanismen, Tiere handeln nach ihrem Instinkt und tauschen sich über Gedankenbilder und Gebärden aus. Sie sind nicht in der Lage sich Sorgen zu machen, so wie der Mensch es tut. Das bedeutet nicht, dass sie nicht auch Differenzen untereinander haben können. Nehmen wir dafür ein Beispiel: Angenommen, eine Herde Rinder ist auf der Weide. Die Sonne scheint und es gibt nur einen schattenspendenden Baum. Der Leitbulle lässt sich selbstverständlich da nieder. Der beste Schattenplatz gehört ihm! Alle anderen schwitzen in der Sonne. Plötzlich erhebt er sich, um Wasser trinken zu gehen. Ein junger Bulle nimmt seinen Platz ein und streckt sich genüsslich im Schatten aus. Der Leitbulle sendet ihm ein ärgerliches Schnaufen, welches verbunden ist mit einem gesendeten Bild: Dieses Bild zeigt einen kraftstrotzenden Bullen, der einen Jungbullen vertreibt. Entweder er reagiert gleich und verzieht sich oder er wartet bis das Leittier auf dem Rückweg ist. Sollte er noch immer unter dem Baum verharren, wenn der Bulle zurück ist, wird er ihm eine Lektion erteilen. Tiere akzeptieren sehr rasch eine bestimmte Hierarchie, die so lange Bestand hat bis der Leitbulle Zeichen der Schwäche erkennen lässt. Und mit diesen Bildern tauschen sie sich untereinander aus.

Eure Haustiere empfangen auch eure Gedankenbilder z. B. wenn ihr von der Arbeit oder vom Einkaufen nach Hause kommt, dann spüren das eure Haustiere. Sie sind in gewisser Weise neugierig auf das Menschsein. Aber sie können nicht aus einem tierischen Körper in ein menschliches Bewusstsein wechseln. Dafür ist es notwendig zur Quelle zurückzugehen und mit einer neuen Bewusstseinsausstattung zurückzukehren. Menschliches und tierisches Bewusstsein verhält sich wie der Versuch Wasser und Oel zu mischen, es stößt sich ab.

Aber ihr könntet im feinstofflichen Bereich ein Tier bitten in sein Bewusstsein eintreten zu dürfen. Und bei diesem Experiment würdet ihr erfahren, wie es sich anfühlt als Hund durch die Gegend zu tollen. Ihr dreht ein paar Runden und dann löst ihr euch wieder voneinander.

Frage:
Gibt es ein System beim Wechsel der Tierkörper oder geht das wild durcheinander z. B. Käfer, Pferd, Katze, Goldhamster, Vogel, Fisch usw.?

Konfuzius
Nun, es gibt einen Zyklus, dem viele folgen. Vom Wasser – auf das Land – in die Luft. Dieser Wechsel ist im Tierreich verbreitet. Aber es gibt da auch Unterschiede und Sprünge bei dieser Auswahl. Es ist also kein vorgeschriebenes Ritual. Wenn ihr eure Haustiere beobachtet, dann zeigen sie mitunter Verhaltensweisen, die nicht arttypisch sind. Vielleicht habt ihr eine Katze, die sich in jedes Wasser stürzt und Baumstämme anbeißt oder ihr habt einen Vogel, der hochgradig ungeschickt fliegt und wahre Geschwindigkeitsrekorde beim Laufen bricht. Über diese artuntypischen Verhaltensweisen könnt ihr Rückschlüsse ziehen auf vergangenen Inkarnationen dieses Tieres. Wer sich mit Tierkommunikation auskennt, kann auch sein Haustier danach fragen.

Frage:
Mir ist gerade etwas aufgefallen: Ihr sagt, menschliches und tierisches Bewusstsein verhält sich wie Oel und Wasser. Ich meine mich aber zu erinnern, dass

ihr früher erzählt habt, in Atlantis seien Experimente gemacht wurden, wobei Tiere und Menschen gemischt worden wären. Also ist eine Vermischung nicht ganz ausgeschlossen?

Kuthumi

Ja, im Endstadium von Atlantis sind derartige Versuche gemacht worden und es gab Mischwesen – halb Tier – halb Mensch. Sie waren nicht fortpflanzungsfähig, sind früh verstorben und die Verbindung löste sich bei Sterben wieder auf.

Der Untergang von Atlantis

Kuthumi

Nun, meine Lieben, ihr habt schon sehr häufig inkarniert auf dem Planeten Erde und vielleicht auch anderswo. Und es gab vor ca. 13.000 Jahren eine Phase auf der Erde, als ein Kontinent eures Planeten in die Energie der Ursonneneinstrahlung kam und damit ein folgenschweres Ereignis auslöste: Der Untergang des Kontinentes Atlantis.

Wir möchten euch dazu einige Erklärungen schicken. Wir hatten euch erzählt, dass die Zeitebenen des Planeten Erde 26.000 Jahre durchlaufen. Ihr seid jetzt mit eurem Planeten in einem Prozess des Aufstieges. Wenn ihr euch diese Zeitebenen – diese Planeten – vorstellt als eine Perlenkette und jede einzelne Perle befindet sich in einem anderen Jahrhundert, dann gibt es irgendwo die Perle oder den Planeten, auf dem ihr euch physisch angesiedelt habt und dieser Teil ist im Aufstieg begriffen.

Ihr bekommt dann aus dem Universum besonders viel Energie. Diese Aufstiegsenergie, die sich in der Aura eures Planeten verfängt, spiegelt sich und wird zurückgesendet. Diese abgestrahlte Energie trifft gebündelt auf einen Punkt, der gegenüber dieser Zeitlinie liegt. Wenn ihr eure Uhren um 13.000 Jahre zurück dreht, dann befindet sich eurer Zeitebene gegenüber eine Erde, auf welcher der Kontinent Atlantis noch existiert. Und dieser Kontinent auf der anderen Zeitebene wird momentan einer sehr intensiven Abstrahlung der Ursonne ausgesetzt, damit ein bestimmtes Ereignis stattfinden kann – nämlich der Untergang.

Die umliegenden Kontinente und die anderen Planeten bekommen von dieser Aufstiegsenergie nichts oder nur sehr wenig ab. Diese Energie geht gebündelt auf den Kontinent Atlantis. Ihr wisst, dass es im jenseitigen Bereich Hologrammkinos gibt, in denen ihr auf diesen Zeitebenen surfen könnt, um euch Anregungen für künftige Inkarnationen zu holen. Und in einem bestimmten Seelenalter ist es ein ganz besonderer Kick, sich aus dem Hologrammkino Ereignisse auszuwählen, die besonders dramatisch sind. Vielleicht wart ihr in der Vergangenheit auch einmal dabei, als Atlantis existiert hat oder gar im Endstadium, als es untergegangen ist.

Meine Lieben, durch die gebündelte Energie auf einen Kontinent kommt es bei den dort lebenden Menschen zu einer intensiven Energieausschüttung und bestimmte polare Muster bekommen einfach sehr viel Energie. Es gibt diejenigen, die dabei über sich selbst hinauswachsen, ihre Menschlichkeit entdecken, ihr Potenzial entfalten, die daran ungeheuer wachsen. Und es gibt die anderen, die in Angst und Schrecken erstarren, die sich mit Ellenbogen einen Platz erkämpfen wollen oder Sicherheitsfanatiker werden. Das ist in eurer Vergangenheit geschehen und geschieht auch weiterhin.

Kuthumi
Gut, meine Lieben. Da wo heute das Meer ist, befand sich bis vor ca. 13.000 Jahren der Kontinent Atlantis und dieser Kontinent bestand aus einer Nord- und einer Südinsel.

Die Bewohner im Norden waren eher mit Ackerbau und Viehzucht beschäftigt. Sie hatten in der Mehrzahl eine helle Haut und blonde Haare. Aufgrund der Wetterbedingungen war es notwendig, dass sie sich vorrangig damit beschäftigten Pflanzen zu kultivieren, Tiere zu halten, Hütten zu bauen und sich zu ernähren und zu kleiden. Ihr Zusammenleben war einfach.

Auf der Südinsel war das Klima anders. Dort war es warm, angenehm und die Natur spross üppig und im Übermaß. Es gab jede Menge Früchte. Und die Bürger, welche die Südinsel bewohnten, hatten eine dunkle Haut, dunkle Haare und waren verglichen mit den Nordländern weiter entwickelt. Da sie weniger von den Jahreszeiten beeinflusst wurden und Essen im Überfluss vorhanden war, hatten sie Zeit sich ihren Musen zu widmen, Studien zu betreiben, und sie haben sich mit Wissengebieten beschäftigt, von denen die Nordländer keine Ahnung hatten.

Irgendwann sind sie auf die glorreiche Idee gekommen, dass man sich doch so ein paar blonde Bauern einfangen könnte für all die Arbeiten, die ohnehin niemand gerne tut. Sie haben dann einen Teil der Nordbevölkerung mit Versprechungen angelockt und haben sie versklavt.

Meine Lieben, wie ihr also seht, gibt es so etwas wie eine ausgleichende Gerechtigkeit und immer fortkehrende Wiederholungen.

Die Südinsel war schon bald technisch sehr weit entwickelt. Da wurde zum Beispiel die Energie aus dem Magnetfeld der Erde genutzt. Es gab freie

Energie für jeden Haushalt. Darüber hinaus verfügten die Bewohner über pyramidenartige Gebäude, Tempel, prachtvolle Häuser und Schulungszentren. Es wurde mit Steinen und Klängen auf dem Gebiet der Heilung experimentiert. Die Forschung hatte ihre Hochkonjunktur.

Es gab Anlagen, in denen Unter-Wasser-Welten erschaffen wurden. Unter gigantischen Glocken, die das Sonnenlicht reflektierten, entstanden Unter-Wasser-Städte, in denen ganze Generationen testeten, wie man unter Wasser leben kann.

Und sie hatten auch zwei Experimente erkoren, die nicht mit dem göttlichen Plan im Einklang standen. Das eine Experiment war die sogenannte Verjüngungskammer. Einige findige Köpfe hatten die Idee, dass es privilegierten Menschen zustehen müsse, durch bestimmte energetische Verfahren dem Tod zu entgehen und eine zweite Jugend zu erleben. Aber der Preis, der dafür gezahlt wurde, war sehr, sehr hoch. Sieben Kleinkinder wurden geopfert, damit ein Achtzigjähriger eine zweite Jugend erleben dürfte. Und diese zweite Jugend alterte zumeist schneller, als der natürliche Zyklus der Alterung gewesen wäre. Es war in Atlantis üblich, dass Sklaven, die ein Kind bekamen, dieses nach der Phase des Abstillens in einen Hort – eine schulähnliche Einrichtung – gaben. Nur waren diese Unterbringungsmöglichkeiten so gestaltet, dass das Kind dort endgültig abgegeben wurde. Die Eltern hatten ein Besuchsrecht. Ihnen wurde vorgegaukelt, dass sie dort die besten Möglichkeiten für Bildung und auch die Möglichkeit der Adoption durch freie reiche Familien hätten. Die Niedlichen wurden adoptiert und die weniger Hübschen wanderten in die Verjüngungskammer. Auch das war Atlantis!

Und damit nicht genug! Das andere Experiment waren Kreaturen, die sie erschaffen haben aus Mensch und Tier. Es wurden Kreuzungen durch Manipulationen angestrebt und daraus entstanden Hybridwesen, die nicht zeugungsfähig waren. Einige Wissenschaftler kamen auf die Idee, dass man beispielsweise die Kraft eines Zugtieres mit der Intelligenz eines treuen Sklaven paaren könnte! Diese menschenverachtenden Experimente haben auch entschieden zur Selbstzerstörung des Kontinentes beigetragen.

Atlantis verfügte über eine Technologie, die ihr heute noch nicht erreicht habt. Es gab viele Menschen, die mit Hilfe ihrer Gedankenkraft auf Materie einwirken konnten, und es gab auch viele eingeweihte Avatare, die den

Untergang dieses Kontinents vorausgesehen haben und bestimmtes Wissen retten wollten, die ihre Kultur nicht untergehen lassen wollten.

Der Kontinent Atlantis ist nicht plötzlich komplett versunken. Es gab Vorankündigungen in Form von Erdbeben, heftigste Regenfälle, Geländeabsenkungen. An manchen Stellen wurde der Boden moorig. Beim endgültigen Untergang haben sich einige Personen auf Schiffe gerettet und versucht, das Wissen und die alte Kultur aus Atlantis auf andere Inseln oder Kontinente zu retten.

Frage:
Können wir irgendetwas tun, um auf dem anderen Planeten den Untergang des Kontinentes Atlantis zu verhindern?
Kuthumi
Immer diese Lichtarbeiter! Jetzt wollt ihr den Kindseelen ihren Spaß des Unterganges verderben? Noch dazu ein Spektakel, was ihr selbst zutiefst genossen habt! Also wirklich!

Nein, da könnt ihr wirklich überhaupt nichts tun! An den extremen Auswüchsen von Atlantis könnt ihr ermessen wie die schwingungserhöhende Sonnenenergie auf jüngere Seelenalter wirkt – entweder machen sie Entwicklungssprünge oder sie verwandeln sich in Bestien. Vielleicht erklärt euch das einige Kurzschlusshandlungen, die auch in eurer Zeit stattfinden! Einen schönen Abend noch! Wir verabschieden uns.

Pyramiden und Tempel sind alte Stätten

der Einweihung

Kuthumi

Der Kontinent Atlantis versank also in den Fluten des Meeres und mit ihm ertranken viele Millionen Menschen. Die Unterwasserstädte wurden zerstört und die Kultur und die furchtbaren Experimente fanden ebenfalls ein Ende. Wenige Menschen retteten sich damals auf Schiffe und die, die zu spät ausgelaufen sind, wurden von einer gewaltigen Flutwelle erfasst. Aber einige erreichten das sichere Ufer und siedelten sich auf anderen Kontinenten an.

Überall auf den jetzigen Kontinenten eurer Erde, wo ihr pyramidenartige Tempel findet, gingen Atlanter an Land. Pyramiden kommen im Ursprung aus Süd-Atlantis. Sie beherbergten in Atlantis Mysterienschulen. Dort wurden also junge Menschen in geistigen Lehren unterrichtet, in spirituellen Gesetzmäßigkeiten und auch darin wie man seinen Geist schult und konzentriert. Der Sarkophag, den spätere Machthaber zum Sarg umwandelten, diente zu Anfang hohen Einweihungen und war nur fortgeschrittenen Schülern dieser Mysterienschulen zugänglich.

In diesem Sarkophag wurden Probanden durch eine Nahtoderfahrung geführt. Es war so: Ein Schüler wurde in diesen Sarkophag gelegt und der Deckel wurde geschlossen. Die Atemluft im Inneren war genau berechnet. Nach einigen Stunden rang der Kandidat mit dem Tode – er drohte zu ersticken. Der Sarkophag war innen ausgepolstert und der Deckel so schwer, dass er nur von vier bis sechs Personen angehoben werden konnte. Nach dem Todeskampf trat die Seele des Schülers aus der Irdischen Hülle und strebte dem Licht und der offenen Spitze der Pyramide zu. Sie betrat kurzzeitig den jenseitigen Bereich, traf möglicherweise verstorbene Angehörige und bekam einen Hauch der dortigen Atmosphäre mit. Dann wurde der Deckel wieder geöffnet und der Schüler reanimiert und zurückgeholt. Die dabei gesammelten Informationen wurden zusammengetragen und bildeten die Grundlage für das spätere Ägyptische Totenbuch.

Frage:

Ich habe eine Frage zu der Cheopspyramide in Ägypten. Bei dieser Pyramide fehlt ja die Spitze und ich habe gehört, dass da ein Kristall fehlt, der in den kommenden Zeiten eine Bedeutung für die Entwicklung der Erde hat. Kannst du dazu etwas sagen?

Konfuzius

Gut, meine Lieben, die Originalpyramiden hatten keine Spitze. Eine verschlossene Pyramide kann nicht mehr für Einweihungen verwendet werden. Die offene Spitze war zum Himmel ausgerichtet, so das einmal das Sonnenlicht in einem bestimmten Winkel eindringen konnte und auch Tage und Nachtzeiten berechnet wurden, an denen der Einfluss verschiedener Sterne genutzt wurde für spirituelle Experimente. Und das waren nicht nur die Nahtoderfahrungen im Sarkophag sondern auch das Aufnehmen kosmischer Energie und das Empfangen von Botschaften.

Gut meine Liebe, du sprichst von einem Kristall – und beim Bau der Pyramide nach atlantischem Vorbild kamen mehrere Kristalle zum Einsatz. Was bei euch noch wenig bekannt ist: Die Originalpyramiden haben ein Gegenstück dessen, was ihr oberhalb der Erde seht. Diese Kegelform, die gibt es auch nach unten – in die Erde hinein. Es ist wie eine Verankerung. Und an allen Verankerungspunkten sind große energiegeladene Kristalle. Zumindest waren sie ursprünglich dort.

Dieses Wissen ist verschiedenen Lichtarbeitern bekannt, und es hat energetische Reparaturen gegeben.

Die Geburt der Börse

Konfuzius

Wenn wir in der Zeit zurückgehen, dann hatten bestimmte Regionen, die an den Küsten lagen schon früh ein Handelsmonopol. Es gab Hafenstädte, in denen Schiffe vor Anker gingen, um ihre Waren umzuschlagen und in diesen Städten siedelten sich auch Handelskontore an, die diese Waren aufkauften und mit Gewinn weiterverkauften. Und an den größten Umschlagplätzen, zum Beispiel in Amsterdam und in Brügge, entstanden die ersten Börsen.

Meine Lieben, diese damaligen Börsen hatten mit dem, was ihr heute als „Wall Street" kennt, wenig gemein! Das waren Gebäude mit Tischen und mit Ständen, in denen Handel getrieben wurde. Die Händler kamen entweder übers Meer oder vom Festland angereist.

All diese Menschen haben sich an bestimmten, vorher festgelegten Tagen im Jahr getroffen und zogen mit ihren Waren dort ein. Es war ein gigantisches Warenhaus, aber nicht für die Menschen von der Straße, sondern ein Umschlagplatz für Großhändler. Sie kauften und verkauften. Das blieb über viele Jahrhunderte so.

Allerdings barg die Anreise gewisse Wagnisse: Zum Beispiel lauerte auf dem Meer die Gefahr, dass Schiffe in Seenot gerieten oder von Piraten ausgeplündert wurden. Ähnliches passierte auch bei den Reisewegen übers Land. Auch da gab es Wegelagerer, Brückenzölle und auf der Strecke unvorhersehbare Widrigkeiten, die die Anreise schwierig gestalteten.

Aufgrund dieser Situation seid ihr erst auf die Idee gekommen, dass es einfacher wäre, nur mit Warenangeboten und Kaufanfragen zu handeln. Und das war die Geburt der Börse! Die Händler schrieben Briefe, zeichneten kunstvolle Kataloge mit ihren Verkaufsgütern und die Mitarbeiter der Börse wurden zu Zwischenhändlern, die die angebotenen Waren weiter vermittelten und für dieses Geschäft einen Bonus kassierten.

Diese Händler hatten recht bald einige Tricks auf Lager: Sie entdeckten schnell, dass sich mit raren Produkten ein viel größerer Bonus und Preis erzielen ließ als mit Massenware, die unbegrenzt vorhanden war. Was lag also näher, als da ein wenig zu tricksen?

Mittlerweile ist von dieser ursprünglichen Art der Börse nicht mehr allzu viel übrig geblieben. Nur die Zwischenhändler haben noch immer dieselbe Mentalität der Gier.

Finanzlage und Schulden

Frage:
Wie geht es mit unserer Finanzkrise weiter?

Konfuzius
Nun, jeder sieht und begreift, dass es so wie bisher nicht weitergehen kann!
Auch wenn euch die Banken und die Politiker versichern, dass alles im
grünen Bereich ist und mit dem nächsten Rettungsschirm garantiert die
Wende kommt. Das ist nicht der Fall!

Ihr versucht ein krankes Geldsystem zu retten, und es wehrt sich heftig gegen eure Rettungsversuche. Und trotzdem wäre es ideal, wenn dieses holprige, alte Finanzsystem noch bis ins Jahr 2014 durchhalten würde.
Denn dann seid ihr mit dem kollektiven Bewusstsein des Paralleluniver-
sums stärker verbunden, und es würden euch Lösungsideen zur Verfügung
stehen, die momentan noch zu schwach sind um sich durchzusetzen.

Meine Lieben, es ist so: Die Finanzwelt erfindet sich neu! Alles, was
bisher als richtig galt, funktioniert nicht mehr! Aber immer wenn ihr etwas
Neues erfunden habt, orientiert ihr euch am Vorgänger. Ein gutes Beispiel
dafür ist die Erfindung des Automobils: Zuvor gab es Pferdekutschen, die
hatten hinten einen Wagen und vorn eine Bank für den Kutscher, der die
Pferde lenkte. Und wenn ihr euch das allererste Automobil ins Gedächtnis
ruft, dann hatte es eine verblüffende Ähnlichkeit mit dem Kutschwagen,
nur die Pferde fehlten. Erst später habt ihr Karossen gebaut!

Was wir damit sagen möchten ist: Ein zu früher Zusammenbruch würde
weitere nach sich ziehen, weil eure Problemlösungen auf „Pferdekutschen-
Niveau" suchen würden! Und das ist der Grund, warum wir davon sprechen, dass ab 2014 das Klima günstiger wäre!

Natürlich besteht auch die Gefahr, dass verschiedene Länder vorher zah-
lungsunfähig werden. Und ihr seht am Beispiel von Griechenland, dass das
für die Bevölkerung alles andere als vergnüglich ist! Wenn euer Gehalt oder
die Rente aus Gründen der Staatsverschuldung um 50 % reduziert würde,
hätten viele arge finanzielle Nöte. Und wenn dieser Zustand über Jahre

anhält, seid ihr letztendlich auf Lebensmittelspenden vom Ausland angewiesen, weil die Preise in euren Geschäften so hoch sind, dass ihr fast nichts mehr kaufen könntet. Seid solidarisch mit der Bevölkerung, sie gehen durch eine harte Krise!

Die Länder mit gesicherten Steuereinnahmen haben den Vorteil, dass sie die harten Veränderungen der Krise zeitlich kürzer erfahren.

Und auch jeder einzelne Mensch erschafft sich seine eigene finanzielle Situation im Kopf und nachfolgend im Leben. Seid ihr großzügig? Gönnt ihr euch etwas? Habt ihr eine Spielernatur und möchtet schnell reich werden? Oder gehört ihr zu den „Erbsenzählern" auf diesem Planeten? Habt ihr ein Ich- oder ein Wir-Bewusstsein, wenn es ums Geld geht?

All das entscheidet darüber, ob ihr in eurem Leben Wohlstand erfahrt oder chronisch knapp bei Kasse seid!

Frage:
Wenn jetzt jemand knapp bei Kasse ist, was könnte er tun, um da herauszukommen?

Kuthumi
Als erstes dürft ihr prüfen: Wofür gebe ich mein derzeitiges Geld aus? Welche Ausgaben sind unnötig? Besitze ich Projekte, die nur Geld kosten aber im Moment keinen Nutzen erfüllen? Sorge ich mich um die Finanzen von morgen? Habe ich Schulden?

Das bedeutet: Schafft euch einen Überblick und trefft Entscheidungen!

Falls ihr gewaltige Schulden habt und nicht nur ein überzogenes Konto oder einen Kredit für euer Wohnhaus, dürft ihr euch auch die Fragen stellen: Für welche Handlung in meinem Leben fühle ich mich schuldig? Da ist möglicherweise etwas, was ihr bearbeiten und ausgleichen dürft! Gestatte ich einem anderen mich auszunehmen? Bezahle ich für etwas einen vollkommen unrealistischen Preis?

Nehmt auch fachliche Hilfe in Anspruch um da heraus zu kommen!

Frage:
Wenn ich das richtig verstanden habe, können Schuldgefühle zu Schulden führen?

Kuthumi

Ganz klar: Ja! Es ist eine Form der Selbstbestrafung! Das bedeutet wiederum nicht, dass jeder Mensch mit Schulden sich aufgrund seines schlechten Gewissens selbst bestraft! Aber ihr solltet diesen Punkt überprüfen! Die Frage lautet: Habe ich in meinem Leben etwas getan, was einem anderen geschadet oder verletzt hat, für was ich mich heute noch schäme? Die Personen, die es betrifft, wissen es genau!

Falls das auf euch zutrifft, überlegt euch, wie ihr euch selbst davon lossprechen könnt! Ihr braucht jemanden, mit dem ihr offen darüber sprechen könnt. Das kann ein Priester sein, ein Therapeut oder ein guter Freund. Erzählt jemandem eure Handlung! Und dann beschließt bewusst eine Gegenhandlung – eine Wiedergutmachung, die nach eurem Gefühl angemessen ist. Ihr könnt auch mit der Person Kontakt aufnehmen und auf irdischer Ebene einen Ausgleich schaffen. Aber die meisten tun das erst im jenseitigen Bereich, weil es momentan noch zu frisch und peinlich ist. Ist die Wiedergutmachung erfolgt, spürt ihr, wie eine tonnenschwere Last von euch abfällt – ihr fühlt euch freier und das hat auch Auswirkungen auf spätere Geschäfte.

Es gibt noch einen anderen Punkt, der auch zu Schulden führen kann: Das bewusste Ignorieren einer Situation und der inneren Stimme und den dabei auftretenden Gefühlen. Gut, wir konstruieren ein Beispiel: Ihr habt ein Geschäft eröffnet und euer gesamtes Geld hinein gesteckt. Ihr feiert mit euren Freunden die Eröffnung und hofft danach auf gute Einnahmen. Hier gibt es eine breite Palette von Möglichkeiten, wo ihr „Fehler" machen könnt:

1. Die Lage des Geschäftes und die Höhe der Miete! Erkundigt euch unbedingt über Vormieter und wie lange sie diesen Laden betrieben haben. Falls der Wechsel in einem Zweijahres-Rhythmus oder noch rascher stattgefunden hat, stimmen die Bedingungen nicht und ihr habt es möglicherweise schwer zu bestehen.

2. Die Kunden sollten einen Grund haben, warum sie in euer Geschäft

kommen! Eine Spezialisierung, die im Umkreis von drei Kilometern niemand hat! Das bedeutet nicht, das nicht auch zwei Geschäfte derselben Art in einem Ort existieren können, aber es wäre von Vorteil, wenn ihr einen Service bietet, den eure Konkurrenz nicht erfüllt.

3. Eure Preise sollten angemessen sein! Kein Kunde bezahlt für eure charmante Bedienung doppelt soviel wie fünf Straßen weiter!

4. Die Einwohner sollten wissen, dass euer Geschäft existiert! Wie repräsentiert ihr euch nach außen? Wenn ihr ein Spaziergänger wäret, was würde euch neugierig machen auf dieses Geschäft? Wirkt es einladend? Vielleicht würde Werbung, ein neues Outfit oder eine Aktion helfen!

5. Ihr beschäftigt in eurem Geschäft Freunde oder Verwandte, die sich als unfähig herausstellen! Hier gilt es Entscheidungen zu treffen und offene Worte zu finden. Wenn ihr jemanden finanziert, der ungeeignet ist oder ganz andere Interessen hat, dann fehlt der Person entweder die Schulung, um ihre Pflichten besser erfüllen zu können und ihr dürft sie entsprechend einarbeiten oder ihr solltet euch im Interesse eures Geschäftes für eine geeignetere Person entscheiden!

6. Ihr nehmt unterschwellig wahr, dass euer Geschäft schlecht läuft und ihr jeden Monat eine Minussumme einfahrt. Dann geht es darum Entscheidungen zu treffen und nicht die Augen zu verschließen! Setzt euch ein oberes Defizitlimit, so dass sich eure Schulden nicht ins Bodenlose steigern! Ist dieses Limit erreicht, solltet ihr loslassen!

Diese Punkte zu beachten wäre von Vorteil!

Frage:
Könnt ihr uns möglichst konkret sagen, mit welchen Auswirkungen wir beim tatsächlichen Zusammenbruch der Banken konfrontiert werden?

Kuthumi
Wenn dieser Zusammenbruch stattfindet, dann ist die Wahrscheinlichkeit groß, dass sich in eurem Umfeld bestimmte Szenarien abspielen: Ihr wisst auf einmal nicht mehr, ob die Aufträge, welche eure Firma hat, noch Bestand haben oder jemals bezahlt werden.

Die Menschen, welche in Büros oder im öffentlichen Dienst arbeiten, wissen nicht, ob sie ihr nächstes Gehalt bekommen. Die Fabrikarbeiter wissen nicht, ob Rohstoffe geliefert werden und der nächste Lohn gezahlt wird. Die Banken schließen vorübergehend ihre Pforten, und die Geldautomaten sind außer Betrieb. Die Supermärkte haben nur noch sporadisch geöffnet, weil sie verunsichert sind, ob Warennachschub kommt und das Geld, was sie einnehmen noch als Zahlungsmittel anerkannt ist. Es kommt ein hoher Grad an Verunsicherung auf.

Irgendwann kommt der Zeitpunkt, wo ihr feststellt: „Mein Bargeld ist aufgebraucht! Was mache ich jetzt? Wird die Kreditkarte als Zahlungsmittel noch akzeptiert oder nicht?"

Ihr trefft euch dann in der Gemeinde gemeinsam mit den Menschen, die im selben Ort leben, auf eurer Straße oder in der Nachbarschaft. Es wird viel zu besprechen geben und ihr werdet euch gegenseitig unter die Arme greifen. In dieser Zeit, in der alles mit einem dicken Fragezeichen versehen ist, wachsen viele über sich selbst hinaus und werden kreativ. Ihr findet Lösungen – auch wenn ihr vorübergehend in einem Geschäft anschreiben lasst. Da wird es Menschen geben, die euch Geld gegen Sicherheiten anbieten, die ihr aber nicht erbringen könnt oder als überzogen wahrnehmt. Und es wird in Großstädten auch Menschen geben, die noch nicht gelernt haben friedlich zu demonstrieren.

Meine Lieben, unmittelbar nach dem Zusammenbruch wird es erst einmal chaotisch! Auch die Ärzte in den Krankenhäusern wissen nicht, was sie tun sollen und fragen sich, ob die Krankenversicherung weiterhin zahlt! Damit fallen schon einmal alle überflüssigen Operationen weg. Sie konzentrieren sich dann endlich auf das, was notwendig ist!

Eure Gemeindevertreter setzen sich zusammen und überlegen mit den Bürgern, wie ein bestimmter Ablauf erhalten bleiben kann. Ihr werdet darüber diskutieren, ob die Schulen weitergeführt werden. Ihr werdet darüber diskutieren, welche Branchen notwendig sind. Und es wird vielleicht vorübergehend so sein, dass ihr spontan irgendwo aushelft und bekommt dafür ein Punktesystem, was für einen gewissen Zeitraum wie Bargeld zu verwenden ist. Natürlich ist das nichts Langfristiges!

Wer dabei auf dem Trockenen sitzt, ist das Finanzamt und der Staat und damit auch alle aus den Steuergeldern finanzierten Einrichtungen! Und schon aus diesem Grund werden sich eure Politiker und Banker bemühen, schnell eine Lösung zu finden!

Wichtig ist, dass die, die jetzt an der weltweiten Finanzkrise verdienen, enteignet werden! Ihr braucht einen vollkommenen Neustart mit anderen Gesetzen zum Geldverleih. Die Börse wird wieder zum Handelshaus, und diese Gewinnzockerei geht zu Ende.

Sollten bei diesem Zusammenbruch die jetzigen Besitzer des Kapitalmarktes nicht enteignet werden – und wir sprechen jetzt nicht von Kleinanlegern im Aufsichtsrat, sondern von Großkassierern hinter den Kulissen, die diese weltweite Krise herbeigeführt haben, um an ihr zu verdienen – dann werden weitere Crashes folgen. Das Gleiche gilt für die Börse!

Es ist an der Zeit, dass ihr versteht, dass sich Geld nicht vermehrt!

Aber ihr solltet eins wissen: Diese chaotische Phase ist zeitlich begrenzt! Es besteht auch die Wahrscheinlichkeit, dass ihr bis ca. 2016 viele kleine chaotische Phasen habt, die jeweils innerhalb von einer Woche behoben werden! Dabei werden stufenweise die Gesetzmäßigkeiten verändert bis ihr ein neues tragbares System habt.

Ihr werdet in Schritten viele Veränderungen in allen Lebensbereichen vollziehen, die letztendlich das Leben aller verbessern und erleichtern! Wie schnell diese positiven Veränderungen euer persönliches Leben bereichern, bestimmen euer Denken, Fühlen und Handeln.

Frage:
Konfuzius hatte am Anfang von einem Ich- und einem Wir-Bewusstsein in Bezug zum Geld gesprochen. Könntet ihr das genauer erklären?

Konfuzius
Es ist der Unterschied in eurem Kopf zwischen Angst und Freiheit!

Gut, wir versuchen das klarer auszudrücken: In der Polarität gibt es arm und reich – das ist auch die Erfahrung, die ihr erlebt habt in vielen Leben. Und wenn ihr 100 Jahre zurück geht, da gab es wenige reiche Familien und viele andere sind mit Mühe und Not um die Runden gekommen. Das hat sich nach den beiden Weltkriegen verschoben. Plötzlich wollte niemand mehr als Diener bei reichen Herrschaften angestellt sein. Der Standesdünkel und die Bereitschaft sich unterzuordnen schwand! Demütig den Blick zu senken, wenn eine höhergestellte Person vorübergeht – wo ist das heute geblieben? Ihr findet es nicht mehr, weil dieses Gebaren zum Glück aus euren Köpfen heraus ist!

Und nun kommen wir zum Geld: Im Ich-Bewusstsein dient Geld der Bereicherung einzelner und basiert auf Angst und Mangeldenken! Das Horten von Geld gehört zum alten Denken! Im Wir-Bewusstsein dient Geld dem Fließen von einem zum anderen – und mit dieser Einstellung wird auch ein Grundeinkommen für alle möglich. Ihr benötigt Geld um den Handel am Fließen zu halten! Die Menschheit ist zufrieden, wenn das Geld routiert. Das heißt: Geld ist zur Versorgung und zum Ausgeben gedacht! Euer Problem ist, dass immer weniger Geld den Besitzer wechselt – es fließt nicht so, wie es sollte. Es ist gebündelt auf großen unbeweglichen Bergen und in Rettungsschirmen – jedenfalls virtuell. Und all das erzeugt ein Energiefeld der Angst, der Sorgen und des Mangels! Es gibt viele Menschen, die verarmen und ihr gebt ihnen Sozialhilfe – Almosen, die knapp berechnet sind. Wisst ihr, dass diese Menschen das Geld am Fließen halten? Denn sie geben jeden Monat 100 % ihrer Bezüge aus! Und wenn ihr ihnen 500 € mehr geben würdet, käme auch das bis zum letzten Cent in den Kreislauf – sie würden sich davon keinen Mercedes kaufen.

In euren Köpfen hat alles einen finanziellen Wert – und dieses Denken gehört in die dritte Dimension – ihr bemesst einem Gegenstand einen Kaufpreis zu. Und dieser Kaufpreis variiert: Es gibt preisgünstige Wohnungen und es gibt teure Wohnungen. Es gibt günstige Autos und teure Autos! Wie wichtig ist es in euren Köpfen herauszustechen und etwas Besonderes zu sein?

Und wie sieht es mit eurer Arbeit aus? Seid ihr so begeistert, dass ihr jeden Morgen voller Wonne aus dem Bett springt und gar nicht genug von dieser Tätigkeit bekommt, weil sie euch absolut erfüllt und mit Schauern der Glückseligkeit überflutet? Nicht? Dann tut ihr sie nur wegen des dicken Gehaltes?

Meine Lieben, alle Deals, bei denen ihr euch verbogen habt oder noch immer verbiegt, fliegen auf! Ihr solltet etwas tun, was euch Spaß macht!

Und es gibt noch einen weiteren Denkfehler in euren Köpfen: Ihr müsst euch euren Lebensunterhalt verdienen!

Wir wissen, dass wir euch damit einiges zumuten, aber Versorgung und Beschäftigung sollten nichts miteinander zu tun haben!

Angenommen, jeder Mensch bekäme monatlich 2000 € ohne Abzüge und mit der Auflage, dass er davon 80% ausgeben muss. Und ihr könntet arbeiten, wo immer ihr möchtet – je nach Qualifikation – und so lange, wie es euch angemessen erscheint – vier Stunden – sechs Stunden – ohne dass ihr dafür entlohnt werdet! Was würdet ihr dann tun?

Ihr würdet euch etwas suchen, was euch Freude bereitet! Und es gäbe auch keinen Personalmangel mehr! Da die Beschäftigten schon bezahlt wären, könntet ihr auch doppelt so viele Angestellte haben. Das Klima auf der Arbeitsstelle wäre auch viel besser, weil ihr gemeinsam anpackt und das tut, was da zu erledigen ist.

Wie fühlt sich das an?

Antwort:
Klasse! Aber vollkommen utopisch!

Konfuzius

Das hat der Hausdiener auch einmal gedacht! Lest es in zwei Jahren noch einmal und wir garantieren euch, in euren Köpfen wird sich eine Veränderung vollzogen haben!

Die Barriere im Kopf ist vor allen Dingen bei den Menschen in den Industrieländern vorhanden!

Schon seit einigen Jahren weht ein Wind der Veränderung über euren Planeten und die Idee eines bedingungslosen Grundeinkommens hat mittlerweile die gesamte Erde erfasst! Und in einigen Ländern ist es bereits mehr als eine Idee:

Im Südamerika, in Afrika, in Alaska, in Europa, im Orient und in Asien gibt es bereits erprobte Modelle des bedingungslosen Grundeinkommens. Sie haben sich bewährt, waren und sind überaus erfolgreich. Und die Bevölkerung ist dabei weder größenwahnsinnig noch faul geworden! Im Gegenteil: Sie wurde kreativ und geschäftstüchtig!

Göttlicher Wandel oder die Schöpfung

des goldenen Zeitalters

Frage:
Wie geht es eigentlich weiter mit dem Euro und den anderen zur Zeit etablierten Währungen?

Kuthumi

Nun, ihr neigt alle dazu den Überblick zu verlieren! Angefangen von den Kreditkartenbesitzern, die sich nach Eintreffen der Monatsabrechnung fragen, wie es möglich ist, dass sie so viel Geld ausgegeben haben bis hin zu den Zentralbanken und ihren geheimen Soll- und Habenzahlen und täglichen internen Krisensitzungen.

Zuweilen erscheint es euch wie ein virtuelles Spiel, in welchem gewaltige Summen – Zahlen in Computern – hin- und herbewegt werden. Aber die Stimmung in diesem Spiel ist düster und von nagender Angst durchsetzt. Ihr ruft ein Bataillon von Rettungsschirmen ins Leben, erfindet windige Hebel und verstrickt euch immer tiefer in Angst und Enge. Das ist die gefühlte Straße zum Ruin!

Und wir sagen euch, die ihr an diesen Krisensitzungen teilnehmt: Ihr kennt die momentanen Gesetze des Geldverleihes und beobachtet täglich an euren Zahlen die Auswirkungen eines überholten Systems, ihr kennt die Zockereien, die an der Börse stattfinden und wisst, dass Geldgewinne nur möglich sind, wenn dafür ein anderer Geld verliert. Wie lange wollt ihr dieses Kriegsspiel noch weiter treiben? Ist es die Aussicht auf eine Prämie, die euch dieses chaotische Spiel weiterführen lässt? Wie sicher ist eure Bankeinlage noch? Habt ihr noch Gold im Keller?

Wäre morgen der Tag Null und es würde angefragt, wie eure Habenseite aussieht und dass ab sofort nur noch die Banken öffnen dürfen, die ein Plus zu verzeichnen haben – wie sicher wäre dann eure Prämie noch?

Es gibt drei Hauptfehler, die euch ruiniert haben:
1. Der Glaube, dass sich Geld vermehrt!

2. Die Überzeugung, dass eure Wirtschaft ins Uferlose wächst!
3. Die Tatsache, dass die meisten Banken 90 bis 100 Prozent ihrer Bankeinlage in windigen Geschäften vermehren wollten, in Umlauf brachten und dabei in den Sand setzten!

Wer hat denn euer Geld eingestrichen? Wisst ihr das? Es war doch einmal vorhanden! Und was ihr jetzt habt, das sind virtuelle rote Zahlen!

Und jetzt fragen wir euch etwas ganz ketzerisches:

Habt ihr das Recht Geld zu schöpfen und in Umlauf zu bringen und damit ein neues Spiel mit anderen Bedingungen zu starten?

Ihr alle seid miteinander verbunden und plant auf der Traumebene die Zukunft des Geldes und die Themen, über welche ihr dort am meisten sprecht: Das sind die Schließung der Börse und deren Umwandlung in ein Handelshaus ohne jede Zockerei und ein vollkommener Neubeginn auf dem Finanzmarkt. Grundlage dafür sind eure Kunden und ein fließendes Kapital ohne Besitzer!

In den letzten Jahren seid ihr vorbereitet worden: Der Wechsel zum Euro hat euch beispielsweise vertraut gemacht mit einer fliegenden Totalumstellung – dies war nur zum Warmlaufen gedacht und eure Vorbereitung auf etwas Größeres!

Ihr bestimmt den Tag Null! Und vielleicht besteht der nächste Schritt darin, dass ihr eure Planungen von der Traumebene auf die irdische Ebene verlagert. Sprecht auf globaler Ebene miteinander – so wie ihr es momentan im feinstofflichen Bereich oder heimlich mit Kollegen tut! Ab dem Jahre 2014 ist die Atmosphäre für eine Veränderung günstig! Letztendlich seid ihr es, die gemeinsam mit den Politikern das Datum bestimmen werden! Die wachsende Verarmung der Bevölkerung, die Zahlungsunfähigkeit von Handwerkern, der Ruin von immer mehr Staaten und der zunehmende Protest sind für euch Marksteine der Aufforderung zum Reden und Handeln!

Das bedeutet nicht, dass bereits 2014 das bedingungslose Grundeinkommen für alle eingeführt wird! Ab diesem Zeitpunkt sind Veränderungsschritte in die richtige Richtung wahrscheinlich, weil dann auch die letzten begriffen haben, dass das alte System nicht mehr zu retten ist!

Frage:

Könnt ihr uns möglichst genau sagen, wie ein zukünftiges Finanzsystem beschaffen sein müsste?

Kuthumi

Als erstes schöpft ihr eine größere Geldsumme, die international anerkannt ist und die jedes Land in Bezug zur Größe seiner Bevölkerung festlegt. Dieses Geld hat keinen Besitzer sondern nur Verwender! Die Hauptaufgabe des Geldes ist: Alle zu versorgen und zu fließen! Es darf nicht angelegt oder gespart werden, wie ihr das aus der Vergangenheit kennt! Ihr solltet mindestens 80% davon ausgeben. An dieses Geld sind keine Bedingungen geknüpft, es steht jedem zu! Ihr bekommt es monatlich ausgezahlt, so wie jetzt euren Lohn, euer Gehalt oder eure Rente. Zum Ausgleich geht ihr die Verpflichtung ein, dass ihr 20 Jahre einer Betätigung nachgeht!

Konstruieren wir einen Zeitsprung:
Ihr habt die Schule abgeschlossen und seid ca. 18 Jahre alt. Jetzt verspürt ihr den Wunsch euer Elternhaus, in dem ihr bisher versorgt wurdet, zu verlassen. Ihr stellt bei der Stadt einen Antrag auf eigenes, bedingungsloses Grundeinkommen, welches von der Quelle ausgezahlt und euch selbstverständlich zur Verfügung gestellt wird. Jetzt überlegt ihr, was ihr machen möchtet! Ihr würdet gerne ein halbes Jahr auf Reisen gehen und Teile der Welt erkunden. Nehmen wir an es zieht euch nach Südamerika. Ihr habt eure Kontokarte, mit der ihr auch in Südamerika in jedem Monat 2000 Quelle-Taler ausgezahlt bekommt. Ihr reist viel herum, schaut euch die Sehenswürdigkeiten an, fahrt mit Bus und Bahn und übernachtet in Pensionen, bei Freunden, die ihr aus dem Internet kennt, und die vielleicht auch einmal eine Übernachtung in Europa gebrauchen könnten. Ihr holt euch viele Anregungen und kommt nach sechs Monaten zurück. Zuhause im Elternhaus spürt ihr nach einem Vierteljahr, dass es euch zu eng wird. Die Ansichten eurer Eltern mit ihrem altmodischen Pflichtprogramm können nervig sein! Ihr braucht eine eigene Wohnung!

Also geht ihr wieder zur Quelle und stellt einen Antrag auf Sondervergütung! Sonderverfügung bedeutet: Ihr könnt 25 Mal in eurem Leben eine größere Summe Quelle-Taler beziehen, die aber objektgebunden ist z.B.: für eine Wohnungseinrichtung, ein neues Auto, eine Geschäftseröffnung und andere Großanschaffungen. Und so eine Sondervergütung wird euch nur einmal im Jahr zur Verfügung gestellt! Bei der Quelle werdet ihr beraten, euch wird mitgeteilt, es gäbe auch Möglichkeiten ohne Sonderverfügung, indem ihr euch ein Zimmer sucht oder eine möblierte Wohnung bezieht. Aber das wollt ihr nicht! Ihr möchtet eure Möbel selbst auswählen. Also bekommt ihr eine spezielle Karte, die acht Wochen lang alle Einrichtungsgegenstände bezahlt. Bald seid ihr also perfekt nach euren Wünschen eingerichtet. Ihr feiert eine Party und ladet eure Freunde ein. Dabei lernt ihr eine Freundin kennen. Sie macht gerade eine Ausbildung zur Innenausstatterin. Dabei geht es um Tapeten, Gardinen, Polstermöbel, Stilmöbel und Kleidung in verschiedenen Epochen. Ihr findet das interessant und macht an ihrer Schule eine Schnupperwoche. Nach der Woche wisst ihr, dass es doch nicht so ganz das ist, was euch interessiert! Ihr habt Interesse an Kriminalistik, Spurensicherung, forensische Untersuchungen – allerdings ist die Kriminalität ziemlich zurückgegangen, so dass der Bedarf an derartigen Arbeitsplätzen nicht mehr sehr hoch ist. Ihr holt euch Informationen ein und erfahrt, dass die Ausbildungsklassen für die nächsten drei Jahre belegt sind. Das andere, was euch interessiert ist Journalismus und wie man professionell Layouts erstellt. Das ist etwas, was man überall in einer Kurzausbildung lernen kann! Die Ausbildungszeit beträgt sechs Monate und danach bekommt man einen einjährigen Vertrag in einem Verlag, einer Druckerei, bei einer Zeitung oder einem Softwarestudio. Das macht ihr jetzt! Nach der Ausbildung ist das verlockendste Angebot in einem Softwarestudio 600 km weit weg. Ihr zieht also aus und überlasst die eingerichtete Wohnung eurer Freundin, die sie augenblicklich auf Rokoko umgestaltet.

Am neuen Wohnort sucht ihr euch eine möblierte Wohnung und beantragt die zweite Sondervergütung für die Anschaffung eines Elektro-Autos. Ihr arbeitet jetzt täglich in dem Softwarestudio und entwerft am Computer Layouts und ähnliches. Als eure Eltern auf Besuch kommen, rümpfen sie die Nase, weil ihr mit gerade mal 20 Jahren schon zwei Sondervergütungen verprasst habt! Sie erzählen, dass sie seit 4 Jahren ununterbrochen arbeiten – bis auf einen sechswöchigen Jahresurlaub – und in dieser Zeit nicht eine einzige Sondervergütung beantragt haben! Ihr verdreht die Augen und wisst nicht, welche antiquierten Überzeugungen zu dem ausgeprägten Pflichtprogramm und Geiz eurer Eltern führen konnten! Und wieso es eine Ehre ist vier Jahre keine Sondervergütung beansprucht zu haben? Noch dazu sind sie zu zweit! Nun, sie sind eben älter und früher war alles ganz anders! Damals gab es noch Arbeitspflicht und Ämter, die den Menschen Druck gemacht haben – einfach unglaublich! Es hört sich an wie Sklaverei und ihr könnt nicht fassen, dass sich diese Generation so bevormunden lassen hat!

Als nächstes bekommt ihr Besuch von einem Mädchen, welches ihr in Südamerika kennengelernt habt. Euer Arbeitsjahr geht zu Ende und nachdem sie sich Europa angeschaut hat, wollt ihr zusammen durch Afrika reisen. Das tut ihr dann für weitere sechs Monate. Kurz vor Ende der Reise melden sich eure Eltern: Da sei eine Mail gekommen von einem Forensischen Institut und ob du noch an der Ausbildung interessiert bist? Natürlich! Damit ist die Reise beendet!

Diese forensische Ausbildung ist richtig lang, sie geht sogar zwei Jahre und endet mit einem fünfjährigen Vertrag bei Euro-Pol. Ihr werdet nach Berlin, Paris und Prag versetzt, wo ihr jeweils für etwa ein Jahr lebt. In Prag lernt ihr eure künftige Frau kennen. Sie hat eine Kochschule besucht und ein Café betrieben. Jetzt hat sie gerade eine Auszeit. Ihr geht zu zweit nach Wien und gründet dort eine Familie – eure Tochter wird geboren.

Ihr unterbrecht euren Fünfjahresvertrag bei Euro-Pol und versorgt daheim das Baby, da eure Frau gerade eine neue Ausbildung begonnen hat – sie lernt Bier brauen. Danach zieht ihr in die Nähe von seinen Eltern und bezieht im ländlichen Raum ein Haus mit Garten. Eure Mutter ist daheim und versorgt bei Bedarf auch mal das Enkelkind. Der Vater geht noch immer arbeiten, obwohl er seine 20 Jahre beisammen hat. Er verdient sich in jedem zusätzlichen Jahr eine weitere Sondervergütung, die er dann anspart, aber keinesfalls ausgibt! Eine merkwürdige Mentalität, die niemand nachvollziehen kann!

So sieht eure Zukunft mit dem bedingungslosen Grundeinkommen aus!

Ihr könnt euch in euren kühnsten Träumen nicht vorstellen, wie viele positive Effekte damit einhergehen!

Sehr interessant! Das Geld gehört also niemandem! Aber man bekommt aus einem Pfuhl ein Grundeinkommen, was irgendwie wieder dahin zurückkehrt? Wenn ich das richtig verstanden habe?

Kuthumi

Genauso ist es! Es gehört niemandem! Aber jeder hat Anspruch darauf und darf es nutzen! Jeder hat ein Konto mit einem bestimmten monatlichen Guthaben und ihr gebt dieses Geld – so wie jetzt auch – aus! Dabei wechselt es den Besitzer und geht wieder ein in den Quellepfuhl. Es fließt zurück!

Frage:
Soweit habe ich das verstanden! Aber was ist mit Geschäftsleuten? Angenommen, ich habe jetzt ein Restaurant, einen Buchverlag, eine Yogaschule, eine Zahnarztpraxis oder einen Malerbetrieb? Was ist dann mit meinem Verdienst? Wieso sollte ich mich aufopfern, wenn am Ende nicht mal Geld dabei heraus kommt?

Konfuzius

Aufopfern ist die alte Energie! Du eröffnest einen Buchverlag, weil es dir Freude bereitet und du ganz wild darauf bist, Bücher zu produzieren und sie zu vertreiben. Es ist die Freude am Tun, die dich veranlasst, dass du einen Buchverlag gründest. Und vielleicht ist dein Bedarf an dieser Tätigkeit nach fünf Jahren gedeckt und du hättest gerne eine Auszeit in südlichen Gefilden, wo du im Liegestuhl liegst und einen Pastell-Malkurs besuchst. Solltest du dieses Bedürfnis spüren, dann setze eine Anzeige ins Internet und suche einen Nachfolger. Mache deinen Nachfolger vertraut mit allen anfallenden Arbeiten und dann fahre in den Süden.

Erinnerst du dich daran, was der junge Mann mit seiner Wohnung getan hat, als er in die 600 km entfernte Stadt gezogen ist?

Antwort:
Ja, er hat seiner Freundin die Wohnung überlassen.

Kuthumi

Euer Denken ist momentan noch sehr vom alten System des Mangels geprägt! Für junge Menschen ist dieses Umdenken absolut problemlos und viele, die im Herzen jung geblieben sind, schaffen diesen Schritt innerhalb von zwei Jahren!

Was glaubt ihr denn, welche Aufgabe die Sondervergütungen haben: Es sind Starthilfen für Neuanfänge! Eins eurer dicksten Probleme ist, dass ihr versucht euch für ein Leben festzulegen! Und wenn ihr ein Geschäft eröffnet glaubt ihr, ihr solltet es bis in alle Ewigkeit weiterführen und vielleicht noch euren Kindern aufhalsen? Sind das eure Vorstellungen? Dann gehört ihr in die dritte Dimension! Dort verbiegt man sich und ignoriert die eigenen Bedürfnisse! Das ideale Klima zum Aufopfern!

Aber wir gründen hier das neue goldene Zeitalter und das wird bewohnt von der Spaßgesellschaft!

Frage:
Wie lange dauert es noch? Ist die Generation schon geboren, die diese Änderungen einführen wird?

Konfuzius

Ja! Du findest sie im Kindergarten, in der Schule, auf dem Campus, in Diskussions- Foren und in der Politik. Die Veränderungen sind greifbar!

Frage:
Könnte es nicht sein, dass dann bald niemand mehr etwas tut? Das die Leute nur noch Urlaub machen und dabei ihren Spaß haben?

Konfuzius

Das wird spätestens nach sechs Monaten langweilig! Ihr seid erpicht, darauf euch zu verwirklichen und dabei Erfahrungen zu sammeln! Es ist ein menschliches Bedürfnis! Und aus diesem Grund wird es im Vergleich zu den heutigen Gegebenheiten entschieden besser! Denn, die Menschen, die dann in einem Geschäft bedienen, wollen dort arbeiten! Und tun es nicht, weil sie dafür bezahlt werden und sich gerade mit übler Laune und unausgeschlafen hingeschleppt haben!

Ebenso werdet ihr den Verwaltungsapparat auf das absolut Notwendige reduzieren! Viele Bereiche fallen komplett weg! Die Ausbildungszeiten werden kürzer und ihr bringt euch viele Dinge – einfach, weil ihr Interesse daran habt – selber bei!

Antwort:
Das hört sich alles wundervoll an! Und man kann die Freude regelrecht spüren! Aber wer arbeitet dann bei der Müllabfuhr und reinigt die Straßen?
Kuthumi
Die Gemeinde wird immer Arbeitsplätze zu bieten haben. Und es wird auch Menschen geben, die momentan mit dieser Selbstverwirklichung nichts anfangen können und einfach nur eine Beschäftigung suchen. Aber sie sind genauso versorgt, wie die Abenteuerlustigen!

Es ist für niemanden eine Enttäuschung! Im Gegenteil: Aller Druck ist weg und an seine Stelle rückt eine nie dagewesene Freiheit, Lebensfreude und Begeisterung!

Erschafft gemeinsam das goldene Zeitalter und den friedvollen, göttlichen Wandel! Die Zeit dafür ist reif!

Wir segnen euch, bedanken uns für eure Aufmerksamkeit und verabschieden uns bis zum nächsten Mal!

Das waren Meister Konfuzius und Meister Kuthumi.

Verabschiedung

Ich möchte mich bei der geistigen Welt bedanken für die Klarheit und Schönheit der Durchsagen! Sie aufzuschreiben hat mich mit Schwung und unheimlicher Freude erfüllt! Ebenso gilt mein Dank allen irdischen Helfern, die mir den Rücken freigehalten haben, damit ich mich dieser Tätigkeit widmen konnte. Ich möchte auch allen danken, die mich mit Fragen für die Meister versorgt haben und mich schon jetzt bei denen entschuldigen, deren Frage ich nicht ausgewählt habe!
Auch danke ich allen, die an der Fertigstellung des Buches beteiligt waren und mich in meinem Vorhaben der Gründung eines Eigenverlages bestärkt haben!

Natürlich gebe ich auch weiterhin die Seminarreihe „Öffne Dich Deiner inneren Weisheit und realisiere Deine Träume" die mir Meister Konfuzius und Kuthumi durchgegeben haben. Seminarteile 1 und 2 sind frisch überarbeitet. Wer sich dafür interessiert, kann Informationen erhalten über:

www.ute-kretzschmar.com

oder

Ute.Kretzschmar@t-online.de

Postanschrift:

Antar-Verlag

Ute Kretzschmar
Im Enzengarten 3
79379 Müllheim

Buch- oder CD-Bestellungen sind möglich in allen Buchhandlungen
oder über:
Tel.: 07631-170 356
Fax: 07631-179 704

und

www.antar-verlag.de

Ich möchte mich bei allen Lesern und Seminarteilnehmern ganz herzlich für Ihr Interesse bedanken!

Liebe Grüße

Ute Kretzschmar

Von der Autorin Ute Kretzschmar sind bereits erschienen:

Bücher:

„Der Aufstieg der Erde 2012 in die fünfte Dimension" (2002)
ISBN 3-89568-109-1

„Die Seele in den Meisterjahren" (2004)
ISBN 3-89568-127-X

„Ohne Ticket in andere Dimensionen" (2006)
ISBN 3-89568-158-X

„2012 und danach" (2009)
ISBN 978-3-89568-211-7

Meditations-CD's:

„Die Reise zum Seelenpartner" (2003)
ISBN 3-89568-122-9

„Christuspräsenz und Allmacht" (2005)
ISBN 3-89568-131-8

„Lichtsäulen-Clearing" (2007)
ISBN 3-89568-157-1

„Die Krönung" (2009)
ISBN 978-3-89568-174-5

Folgende CD`s sind in Vorbereitung:

„Das innere Haus oder Kontakt in alle Ebenen" Ute Kretzschmar
(Juli 2012)
ISBN 978-3-9815215-1-1

„Maria – eine himmlische Beruhigung" Erika Kretzschmar
(August 2012)
ISBN 978-3-9815215-2-8

„Schutz – Erzengel Michael" Ute Kretzschmar
(Dezember 2012)
ISBN 978-3-9815215-3-5

Seminarbeschreibung:

Öffne Dich Deiner inneren Weisheit und realisiere Deine Träume

Im 1. Teil geht es um spirituelle „Grundbegriffe" (nach Konfuzius & Kuthumi und damit etwas anspruchsvoll), das feinstoffliche System und wie Lebensüberzeugungen Einfluss auf Chakren ausüben, Kontakt zum Emotionalkörper. Die Aussöhnung mit den Gefühlen und der Vergangenheit. Die inneren Stimmen im Kopf: der Verteidiger, der Kritiker und der Antreiber und wie sie Euer Leben beeinflussen. Der Entwicklungsweg aus der Quelle bis zum Menschsein, die Bildung der feinstofflichen Familie. Die besondere Rolle des Hohen Selbstes, der Energieaustausch mit dem Hohen Selbst. Dualseelen, irdisch und feinstofflich. Reise zur Dualseele. Sowie am Samstagabend ein Gruppen-Channeling, wovon jeder eine kopierte CD bekommt!

Im 2. Teil geht es um das mentale Selbst. Wir beschäftigen uns mit dem Opfer- / Kämpferspiel, reden über Schwachstellen reifer Seelenalter, trainieren den Kontakt zur inneren Stimme. Lernen mehr über die innere Kommunikation: Antreiber, Kritiker, Verteidiger, innerer Richter, das Gewissen, Zyniker und Schleimer. Außerdem machen wir ein Clearing und lernen Botschaften zu empfangen – Schreibkanal. Aussöhnung mit problematischen Menschen. Fantasiereise: Die Krönung – die Übernahme der Eigenmacht im Leben. Es gibt auch im zweiten Kurs ein Gruppenchanneling.

Im 3. Teil geht es um die Ausbildung zum Sprechkanal. Das Erkennen persönlicher Glaubenssätze und deren Auswirkung auf unser Leben. Wir laden den Channelstein mit Erzengel Gabriel. Löschen negative Gedanken. Jeder erhält einen Kanalhüter aus der geistigen Welt. Wir üben mehrmals den Sprechkanal. Das Ende des Inkarnationszyklus: Die kymische Hochzeit und der Rückweg zur Quelle. Einweihung. Gruppenchanneling.

Im 4. Teil geht es um innere Grundstimmungen und was diese mit Anima und Animus zu tun haben. Gelübde: Armuts-, Keuschheits- Gehorsams- und Schweigegelübde werden aufgelöst mit Erzengel Uriel. Das Herausfinden und Neutralisieren der polaren Urmuster. Dafür gehen wir ins Hologrammkino und schauen uns eine Täterrolle an – Aussöhnung. Verblüffend intensive Wirkung!

Wohlstand – die magische Kraft der Anziehung von Fülle. Der Tod – was geschieht, wenn wir sterben. Das Herauslösen von Besetzungen. Schutz – ein gefühlter Zustand in Dir – mit Erzengel Michael. Sowie immer ein Gruppenchanneling!

Zu jedem Seminarteil gibt es ausführliche Unterlagen, so dass die Übungen auch zu Hause weitergeführt werden können.

Termine unter:
www.ute-kretzschmar.com